懐かしい
沿線写真で訪ねる

近鉄京都線
橿原線
街と駅の1世紀

生田 誠

昭和の街角を紹介

大和鉄道（現・近鉄田原本線）の217号。田原本（現・西田原本）駅。昭和32（1957）年

撮影：J.WALLY HIGGINS

アルファベータブックス

CONTENTS

はしがき ……………………………………… 4

第1部　京都線

京都 …………………………………………… 6
東寺 …………………………………………… 12
十条・上鳥羽口 ……………………………… 14
竹田・伏見 …………………………………… 16
近鉄丹波橋 …………………………………… 20
桃山御陵前 …………………………………… 24
向島 …………………………………………… 26
小倉・伊勢田 ………………………………… 28
大久保・久津川 ……………………………… 30
寺田・富野荘 ………………………………… 32
新田辺 ………………………………………… 34
興戸・三山木 ………………………………… 36
近鉄宮津・狛田 ……………………………… 38
新祝園・木津川台 …………………………… 40
山田川 ………………………………………… 42
高の原・平城 ………………………………… 44
大和西大寺 …………………………………… 46

第2部　橿原線・天理線・田原本線

＜橿原線＞
尼ヶ辻・西ノ京 ……………………………… 54
九条 …………………………………………… 56
近鉄郡山 ……………………………………… 58
筒井・平端 …………………………………… 60

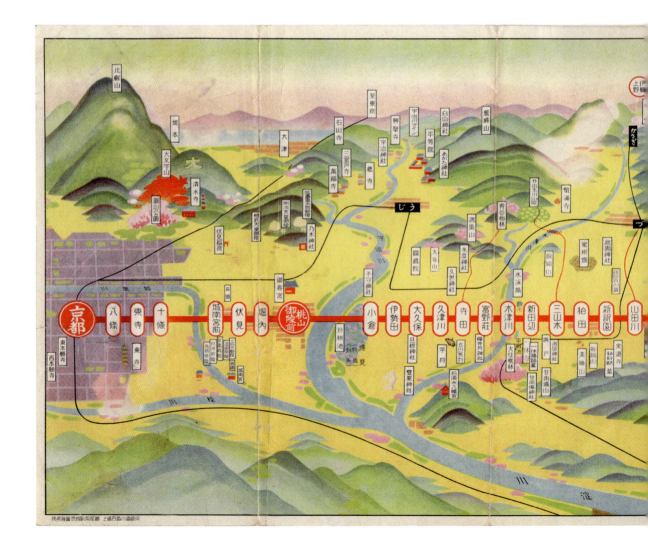

<天理線>
二階堂・前栽 …………………………… 62
天理 ……………………………………… 64

<橿原線>
ファミリー公園前・結崎・石見 ………… 68
田原本 …………………………………… 70

<田原本線>
西田原本・黒田・但馬 …………………… 74
箸尾・池部・佐味田川 …………………… 76
大輪田・新王寺 ………………………… 78

<橿原線>
笠縫・新ノ口 …………………………… 80
大和八木・八木西口 …………………… 82
畝傍御陵前 ……………………………… 84
橿原神宮前 ……………………………… 86

コラム
奈良電車の歴史 …………………………… 10
地下鉄烏丸線と四条烏丸交差点 ………… 18
ありし日の新大宮(油阪)と近鉄奈良 …… 48
奈良ドリームランド ……………………… 52
戦前の大軌の時刻表 ……………………… 57
天理軽便鉄道 ……………………………… 66
大和鉄道の歴史 …………………………… 72
近鉄京都線のあの日、あの時 …………… 81

京都駅から橿原神宮前駅を経由して、吉野駅まで真っ直ぐ延びている奈良電気鉄道の京都線と大阪電気軌道(大軌)橿原線と吉野線。さらに大軌と参宮急行のネットワークは奈良(現・近鉄奈良)、大阪(上本町)、津、賢島駅まで延びている。

はしがき

　近畿日本鉄道(近鉄)は近畿・中部地方に大きなネットワークをもつ日本最大の私鉄である。その中で、京都府と奈良県を結ぶ路線がこの京都線であり、さらに先(南)へは橿原線とその支線である天理線、田原本線が続いている。

　これらの路線は、それぞれ別の鉄道としてスタートした歴史をもち、京都線は奈良電気鉄道(奈良電)、橿原線は大阪電気軌道(大軌)、天理線は天理軽便鉄道、田原本線は大和鉄道が開通させた。なかでは天理線が最も歴史が古く、大正10(1921)年、この年に開業した大軌に買収されている。最も新しい路線であり、大軌と京阪電気鉄道の合弁会社として成立した奈良電は、昭和38(1963)年に大軌から発展した近鉄と合併し、大和鉄道は信貴生駒電鉄をへて、昭和39年に近鉄と合併した。

　これらの4路線は、日本の2つの古都である京都・奈良を走ることから、沿線には日本を代表する神社仏閣が存在する。京都線の起終点の京都駅そばに東寺(教王護国寺)、大和西大寺駅そばに西大寺が存在する。また、橿原線の沿線には薬師寺、唐招提寺があり、東寺とともに世界遺産に登録されている。また、橿原神宮前駅は文字通り橿原神宮の目の前にあり、神武天皇陵にも近い。桃山御陵前駅は、明治天皇の伏見桃山陵の玄関口となっている。また、天理駅は、天理教本部の最寄り駅として全国的に有名である。

　もっとも、古くはこれらの沿線には農地が多く、京野菜や大和野菜の産地として知られていた。たとえば、京都の東寺、十条駅周辺では「九条ネギ」、また奈良の田原本、近鉄郡山、天理駅などが存在する地方では、かつては「大和スイカ」が名産だった。近鉄郡山駅がある大和郡山市は、現在も日本ばかりでなく世界的にも有名な金魚の産地となっている。

　ところが、こうした農地(田畑)はやがて住宅地に変わり、奈良では一般的だったため池も埋められていった。沿線に開発された、大規模な住宅地(ニュータウン)としては、京都の巨椋池干拓地から変わった向島ニュータウン、奈良との府県境付近に、関西文化学術研究都市とともに建設された平城・相楽ニュータウンがある。

　こうした新しい住宅地の開発で、新しい駅も次々と生まれた。昭和47年開業の高の原駅、昭和54年の向島駅、平成5(1993)年の近鉄宮津駅、平成6年開業の木津川台駅である。これらの駅を窓口にして、京都線や橿原線は現在、京都市内や大阪市、奈良市などへ通勤、通学する人も多数利用する路線となっている。

奈良電鉄本社。近鉄京都線を建設した奈良電気鉄道は、桃山御陵前駅の駅前に本社を置いた。当時の列車との貴重なツーショットである。

第1部
京都線

近鉄京都線は、前身である奈良電気鉄道が昭和3(1928)年に京都～西大寺(現・大和西大寺)間を開通させた路線である。もともと、京阪電気軌道(京阪)と大阪電気軌道(大軌、現・近鉄)の合弁でできた会社であり、丹波橋(現・近鉄丹波橋)駅で京阪本線、西大寺駅で大軌の奈良線・畝傍(現・橿原)線と接続、両社線との乗り入れを行ってきた歴史をもつ。また、現在は竹田駅経由で、京都市営地下鉄烏丸線との直通運転も実施されている。沿線には、著名な神社仏閣のほか御陵なども多く、観光路線の色合いが濃かったが、現在は都市と近郊住宅地を結ぶ通勤・通学路線となっている。

京都線の八条油小路交差点付近。京都駅を出た近鉄京都線は、この八条油小路付近でカーブして南に向かう。東海道新幹線と別れを告げる光景が見られる。

Kyoto St.
京都
きょうと

JR東海道線ほか連絡、
古都観光の窓口
昭和3年、奈良電気鉄道の始発駅が誕生

【京都駅】

開業年	昭和3(1928)年11月15日
所在地	京都市下京区東塩小路釜殿町31-1
キロ程	0.0キロ(京都起点)
駅構造	高架駅
ホーム	4面4線
乗降人数	80,732人

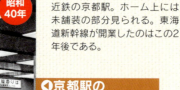

◀京都駅ホーム
昭和38年に高架駅となる前の近鉄の京都駅。ホーム上には未舗装の部分見られる。東海道新幹線が開業したのはこの2年後である。
撮影：荻原二郎
昭和37年

◉京都駅の駅名表示板
近鉄京都線の始発駅である京都駅の駅名表示板。沿線の伏見にある日本酒メーカー「名誉冠」の広告が付けられている。
撮影：荻原二郎
昭和37年

◀京都駅の
　改札口付近
ホームと直結する2階に設けられていた近鉄駅の改札口付近。この頃は八条口側の1階に近鉄専用の改札口があった。
撮影：荻原二郎
昭和40年

◉京都駅3番線ホームの京阪車両
京都駅の3番線ホームに停車している宇治行きの普通列車。近鉄と京阪が相互に乗り入れていた時代である。右側に国鉄京都駅構内が見える。
撮影：高橋弘
昭和43年

　JR京都駅の南側に位置する近鉄の京都駅は東海道線、東海道新幹線のほか、山陰線、奈良線、京都市営地下鉄烏丸線と接続している。日本を代表する観光地であり、世界遺産に登録された文化財などの宝庫でもある京都市の玄関口となっている。

　昭和3(1928)年11月15日、前身の奈良電気鉄道(奈良電)の京都〜桃山御陵前間の開通時に、始発駅として開業。その12日前の同月3日には、桃山御陵前〜西大寺(現・大和西大寺)間が開通しており、奈良電の路線は全通したことになる。当初の計画では、現・京都駅の北側の地下駅になる予定だったが、京都で行われる昭和天皇即位の礼に合わせるため、地上駅として開業している。

　昭和38(1963)年9月、国鉄の東海道新幹線開業、八条口(新幹線口)の整備に対応するため、現在のような高架駅となり、1階部分には近鉄名店街がオープンした。同年10月には、合併に伴って近鉄京都線の駅となった。

　平成19(2004)年9月には京都駅改良工事に伴い、中央改札口が移動。翌年には、一時閉止されていた近鉄名店街も「近鉄名店街みやこみち」としてリニューアルされた。かつては1階部分に改札口が存在したが、現在は2階部分に改札口と櫛形ホーム4面4線がある。1・2番線からは、奈良、橿原神宮、伊勢志摩方面に向かう特急が発着。急行と普通は3・4番線から発着するが、朝と深夜の時間帯には1・2番線も利用する。

古地図探訪

京都駅付近

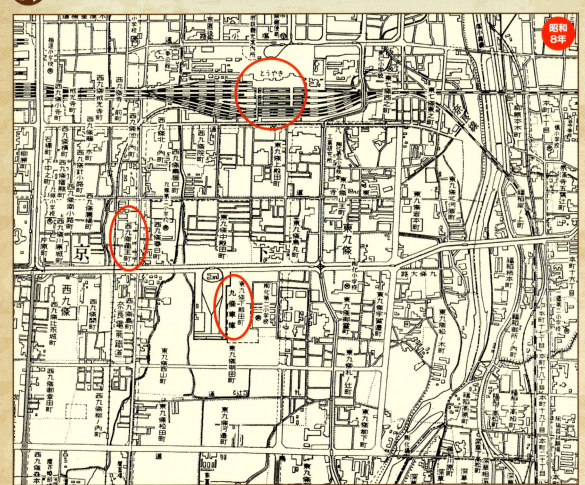

昭和8年

戦前の京都駅南側、南区を中心とした地図である。地図の東側を国鉄奈良線、西側を奈良電気鉄道（現・近鉄京都線）が南下していく。八条口の駅前には目立つ建物は少なく、南東の東九条山王町に大正12年に移転してきた「京都市工業研究所」が見える。その後、この施設は工芸指導所、工業試験所をへて、京都市産業技術研究所となっている。その東側には、京都市立陶化第三小学校があるが、ともに移転や統合などで、現在はホテル・エルイン京都などに変わっている。また、九条通りの南側には、陶化小学校、陶化第二小学校が存在するが、現在は凌風小学校・凌風中学校に変わっている。また、駅前にはイオンモールKYOTOや新・都ホテル、ホテル京阪京都などが誕生している。

昭和初期

奈良電気鉄道の京都～十条（條）間の4駅とともに国鉄線、京阪京津線、京都電燈（現・叡山電鉄）平坦線が描かれている。名所の中では御所が大きく表現されている。

所蔵：生田誠

現在

京都駅ホーム

1・2番ホームに新旧の特急が停車している近鉄の京都駅。奈良方面に向かう列車が発着するため、奈良県のマスコットキャラクター「せんとくん」が見える。

京都市下京区 / 京都市南区 / 京都市伏見区 / 宇治市 / 城陽市 / 京田辺市 / 精華町 / 木津川市 / 奈良市

昭和32年

近鉄京都駅
国鉄京都駅ホーム
京都駅駅舎
京都駅観光デパート
京都市電停留場
京都中央郵便局

京都駅付近の空撮
東海道新幹線が開通する前、三代目駅舎が存在していた頃の京都駅。手前が烏丸(正面)口側、奥が八条口側で、地上ホーム時代の近鉄京都駅は右上に見える。この頃の京都駅付近にはほとんどビルの姿はなかった。

提供:朝日新聞社

奈良電車の歴史 (『宇治市史』より抜粋)

　京都・大阪を結ぶ交通路線は、大正初期にほぼ完成していた。しかし奈良と京都という二つの古都を結ぶ近代的交通機関としては、ただ奈良線があるのみで、しかも単線で１日12往復、所要時間１時間30分もかかるローカル線であった。

　このような状況で第一次大戦の好況期を迎えると、地域住民の要望が強くなり、南山城地区を選挙区とする衆議院議員長田桃蔵を中心とした49名が発起人となってようやく計画が熟し、「奈良電気鉄道株式会社」の名称で大正８年（1919）11月３日、京阪電気鉄道の中書島停留場を起点とし、大阪電気軌道㈱線の奈良停留場付近を終点とする29.7キロメートルの、地方鉄道法による電気鉄道敷設の申請が行なわれた。軌道敷設の経由地は、紀伊郡伏見町から同堀内村・向島村、久世郡槇島村・同小倉村・同大久保村・同寺田村・同富野荘村、綴喜郡田辺町・同三山木村、相楽郡狛田村・同祝園村・同相楽村・同木津町および奈良県添上郡佐保村に至り、それより旧関西鉄道の廃線敷を利用して奈良市の終点に至るもので、軌間は、1.435メートルとし、電力は京阪電気鉄道㈱より供給を受ける予定であった。

　ところが同年11月奈良県下の関西水力電気株式会社社長森久兵衛ほか14名の発起人による「関西電気軌道株式会社」が奈良市を起点とし、相楽郡木津町・綴喜郡田辺町・久世郡宇治町を経て京都市七条に達する電気軌道敷設の免許申請を出したため、両者が競願する形になった。しかし第一次大戦下の好況は、終戦とともに経済情勢が悪化して、競願の形となった両社ともに免許促進の動きは進展しなかった。この間に京都府・奈良県の勧めで両社発起人の間で協議がすすめられ、大正11年（1922）７月、両社が合併することになった。そして関西電気軌道株式会社は免許申請をとり下げ、発起人会は解散した。このようにして同年11月奈良電気株式会社に３年ぶりに免許がおりた。なお既に申請していた敷設予定路線には八幡支線敷設免許申請も加えられていたので、これも免許された。

　免許を受けた奈良電鉄では、依然として不況できびしい経済情勢の中で資金面に困難があったので、起点及び終点を変更することとなり、起点を京阪電気鉄道㈱の宇治線宇治停留場、終点を大阪電気軌道㈱線西大寺停留場とすることとなった。そして起点・終点の両会社と乗り入れ契約を結び、免許許可線より4.3キロメートルを短縮、経費50万円を節減する路線に計画を変更して許可を申請し、大正13年10月25日許可された。

　会社創立総会は、大正14年５月６日久世郡宇治町公会堂において開会、資本金450万円で、同年５月４日に奈良電気鉄道株式会社が誕生した。用地買収も順調に進み、小倉以南は工事着工のはこびとなったが、小倉・宇治間の用地買収の段階で、宇治町内の予定路線上に日本レイヨンの工場が誘致されることになり、路線変更が必要となったため買収を一応延期した。そして路線は再び小倉より北進して京阪電鉄の桃山停留場付近で京阪電鉄と接続し、三条停留場まで乗り入れる計画を立案したが、京阪電鉄本線の運転車輌の増加に難色があり、かつ京阪電鉄三条停留場まででは、当初の計画であ

八条油小路踏切の風景。現在は高架化されているが、当時は踏切に対して斜めに列車が横断していたため交通のボトルネックとなっていた。

撮影：髙橋 弘

昭和28年

る京都・奈良間を省線奈良線所要時間より短縮する目的が果たせず、さらに運賃においても京阪電鉄三条停留場までの乗り入れは高くなることもあって、大正15年2月、小倉・伏見間の伏見支線敷設免許を申請することとなり、同年12月許可された。

小倉以南の工事は、順調に進んだ。しかし、伏見支線5.6キロメートルの工事は、宇治川橋と宇治川右岸より伏見桃山への区間で大きな難問題に突きあたった。すなわち宇治川架橋については、架橋地点が京都第十六師団工兵大隊の渡河演習場であったため、無橋脚の架橋としなければならず、また宇治川右岸の沿線は、伏見の商店街で買収が進まなかった。そのため地下線として計画をたてたが、酒造地として地下水涸渇の不安などの、伏見酒造界を中心とした地下線反対運動がもち上がった。そこで宇治川架橋は、当時東洋一といわれる無橋脚の橋梁設計とし、右岸伏見桃山までは、これも京都で初めての高架路線とすることで解決、昭和3年10月20日、西大寺・桃山間の全工事が完了し、同年11月3日桃山・西大寺間28キロメートルが開通し開業された。この日は、現在の天皇裕仁の即位式典と制定後初の明治節をひかえ、桃山御陵前駅の乗降者で賑った。

さらに、京都電鉄との接続を中止して、伏見・京都間路線を延長する敷設計画は、昭和2年3月以来すすめられ、省線京都駅乗り入れと、奈良線伏見貨物駅及び旧奈良線廃線敷の払い下げなどの申請手続きをすすめ、それぞれについて認可・許可を得て工事はすすめられ、昭和3年11月12日工事が完了し、同年11月15日開通した。ここに京都・西大寺が全通し、京都・奈良間を68分、急行で57分で結ぶ近代的交通機関の実現をみた。

この奈良電鉄は、始点と終点を他社に継ぐ珍しい電車である。京都市を南下し南山城の農村地帯を縦貫する、奈良鉄道開通後32年目に開通した近代的交通機関であった。宇治市域における小倉・伊勢田・大久保など沿線各地に大きな変貌を与えるものと、その期待も極めて大きかった。だが開通間もない昭和4年の金融大恐慌の波をうけて苦難に直面し、乗降客の無かったことから「カラ電」の異名を以てよばれるなど、会社としては悲喜こもごもの状況であった。もちろん奈良電鉄は企業としての規模が弱小であったので、つづいて大阪線（宇治－小倉－上津屋－長尾－私部－四宮－諸堤－玉造）や桜井線の敷設免許も獲得して経営の拡大計画も立てられたが現実をみなかった。そして第二次大戦の戦中・戦後には「買い出し電車」の名を以て呼ばれたこともあった。

昭和38年10月1日近畿日本鉄道と合併し、奈良電鉄株式会社は解散したが、近畿日本鉄道京都線となって、京都・奈良の最短距離を最少時間で結ぶ電車として今日も走りつづけている。

なお昭和3年開通当初、大久保から京都までの片道運賃は30銭であった。また昭和7年ごろの『久世郡小学校郷土資料』の統計によると、伊勢田駅の1日平均乗客数は60人、売上げ12円、小倉駅で93人、売上げ10円50銭と記録されている。

京都駅(仮駅)の風景。奈良電の時代であり開業時から仮駅での開通となった。最終的に完成したのは新幹線ホームの下に高架線ホームとして整備されてからである。

Toji St.
東寺
とうじ

世界遺産に指定、
教王護国寺の玄関口
昭和3年に開業、昭和14年から高架駅

【東寺駅】
開業年	昭和3(1928)年11月15日
所在地	京都市南区西九条蔵王町39
キロ程	0.9km(京都起点)
駅構造	高架駅
ホーム	2面2線
乗降人数	8,153人

昭和36年
撮影:荻原二郎

▲東寺駅
九条通りに架かる近鉄のガードと北側に位置する東寺駅。この頃はまだ九条通りに京都市電・九条線が走っていた。ガードからのぞく「たばこ」の看板が懐かしい。

昭和43年
撮影:今井啓輔

▲東寺駅付近
右奥に東寺の五重塔が見える。高架橋下の九条通(国道1号線)には京都市電22系統の姿も確認できる。

昭和32年
撮影:J.WALLY HIGGINS

▲東寺付近の急行
車両は218号ほかの2両編成。戦時中から昭和30年代初期まで、橿原線に直通する急行に代表的に使用される木造車であった。

現在

▲東寺駅
九条通りに面した高架駅となっている東寺駅。最寄りのバス停は「九条近鉄前」で、市電時代の停留所の名前を受け継いでいる。

　京都駅を出た京都線は、間もなく左に大きくカーブして南に向かい、東寺駅に到着する。この東寺駅は文字通り、世界文化遺産「古都京都の文化財」に登録されている名刹、東寺(教王護国寺)の最寄り駅である。駅の開業は、昭和3(1928)年11月の奈良電気鉄道時代で、当初は地上駅だった。昭和14年3月、十条駅側に110メートル移設され、高架駅となっている。隣の京都駅との駅間は0.9キロ、十条駅とは0.6キロとかなり短い。
　京都駅の所在地は京都市下京区であるが、南区との境界線のすぐ北側にあり、この東寺駅からは南区内となる。駅の西側に存在する東寺の境内の南側には南区役所が置かれており、次の十条駅とともにその最寄り駅となっている。駅の北東にはイオンモールKYOTOがある。
　この区間の京都線の路線は、かつては国鉄奈良線が走っていたルートである。この区間(七条〜桃山間)は明治28(1895)年に奈良鉄道として開業。明治38年、合併により関西鉄道の路線となり、明治40年に国有化された。その後、大正10(1921)年8月、東海道線の新線への切り替えが行われた際に、旧東海道線の京都〜桃山間が新しい奈良線となった。このときに廃止された旧奈良線が奈良電気鉄道に払い下げられ、その後に近鉄京都線の路線となり、現在に至っている。

東寺付近 昭和40年

高い建物がまだ少なく、青い空が広く感じられる。左側の民家の建物も何となく京都らしいと思うのは気のせいであろうか。

東寺駅ホーム 昭和41年

昭和14年に高架化された東寺駅。もちろん弘法大師・空海によって創設された真言宗の総本山、東寺の最寄駅。現在は特急以外の全列車が停車する。

🚶 古地図探訪

京都、東寺付近

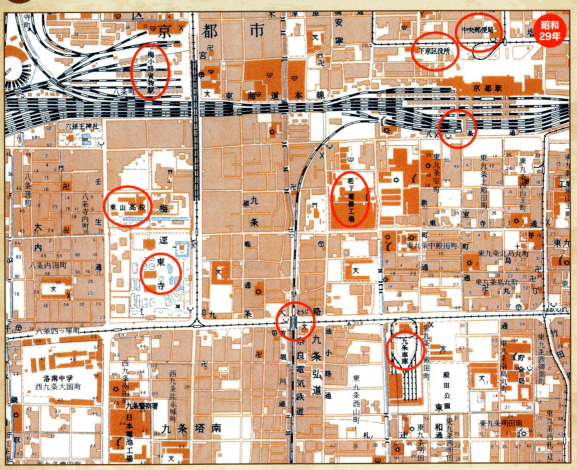

昭和29年

国鉄京都駅の駅前には市電のループ線が存在し、北側に下京区役所と移転する前に京都中央郵便局がある。京都駅前のシンボル的な存在である京都タワー（昭和38年竣工）の姿は見えない。一方、駅の南側、八条口側にはまだ東海道新幹線は通っておらず、近鉄京都線の前身である奈良電気鉄道（奈良電）の京都駅がある。

奈良電の線路は左に大きくカーブして、すぐに東寺駅にたどりつく。東寺駅は九条通りの北側に置かれており、この当時は東側に市電の九条車庫が置かれ、現在は市営バス九条営業所となっている。東北にある松下電器工場は、イオンモールKYOTOに変わっている。一方、西側には東寺（教王護国寺）の広い境内があり、東寺高校（地図で東山とあるのは誤記）は現在、洛南高校となっている。地図左上の梅小路機関区の付近に平成28（2016）年、京都鉄道博物館がオープンした。

Jujo St. / Kamitobaguchi St.
十条、上鳥羽口

十条駅は南区、上鳥羽口駅は伏見区に
条里制南側の十条、鳥羽には離宮あり

【十条駅】

開業年	昭和3(1928)年11月15日
所在地	京都市南区西九条柳の内町1
キロ程	1.5km（京都起点）
駅構造	高架駅
ホーム	1面2線
乗降人数	4,685人

【上鳥羽口駅】

開業年	昭和15(1940)年4月5日
所在地	京都市伏見区竹田向代町川町110
キロ程	2.5km（京都起点）
駅構造	高架駅
ホーム	1面2線
乗降人数	7,091人

▼省エネ化の実施

昭和50年代半ば頃から京都線・奈良線では省エネ化が段階を経て実施され、オールステンレスの3000系や8800系とそのグループ、さらに9000系や9200系が投入された。

時期不詳
提供：近畿日本鉄道

現在

▲**十条駅の踏切**
高架線になる前、相対式2本のホームがあった頃の十条駅と十条通りと交差していた地上踏切。停車中の普通列車から降りて、改札口に向かう人が見える。

◀**十条駅**
すっきりとした高架線の下で生まれ変わった十条駅。改札口は十条通りに面している。

昭和55年
撮影：荻原二郎

　この区間の京都線は、南に真っ直ぐ進んでいく。次の十条駅は、十条通（鳥羽通）の北側に位置している。十条駅の開業は昭和3(1928)年11月で、当時の南側の隣駅は竹田駅であった。開業当初は地上駅だったが、平成10(1998)年に下り線、翌年に上り線が高架化されている。島式ホーム1面2線をもつ駅の構造である。
　十条駅も南区役所の最寄り駅であり、駅の東側には京都市営地下鉄烏丸線の十条駅があるが、500メートル以上の距離があり、乗り換えには適さない。同線とは2つ先の竹田駅で接続しており、乗客は主に竹田駅を利用している。また、十条通をさらに進めば、京阪の鳥羽街道駅がある。

　京都線はさらに南に進むと伏見区に入り、次の上鳥羽口駅は昭和15年4月に新設された駅である。この駅も当初は地上駅であったが、平成10年に下り線、翌年に上り線が高架化され、高架駅となった。駅構造は島式ホーム1面2線で、外側に通過線2線もあり優等列車を待避する。
　「鳥羽」は現在の南区、伏見区に広がる地名であり、平安時代から皇室の離宮である鳥羽殿（城南宮）もあった。駅名は「京の七口」のひとつ「鳥羽口（東寺口）」に由来する。この鳥羽口は、西の西国街道、南の鳥羽街道から都に入る場所にあたり、交通の要所であった。駅の所在地は伏見区竹田向代町川町であるが、すぐ西側の南区には「上鳥羽」を冠した地名が広がっている。

昭和39年

▶上鳥羽口680系
鴨川を渡る680形京都・橿原線の特急車。現在は京都市営地下鉄烏丸線の車庫（竹田車庫）と竹田〜東寺駅間の高架工事完成で、当時の面影はなくなっている。

撮影 高橋 弘

▶地平時代の上鳥羽口駅
高架化が完了する10年前の様子。上鳥羽は京野菜の産地としても知られている。

平成元年

提供 近畿日本鉄道

現在

▶上鳥羽口駅の改札口
高架駅である上鳥羽口駅の改札口（1階）。駅の付近には任天堂や村田機械といった京都を代表する会社の本社が存在する。

現在

▶上鳥羽口駅のホーム
京都行きの普通が停車している上鳥羽口駅のホーム。左奥には阪神高速8号京都線の上鳥羽ジャンクションが見える。

古地図探訪

十条、上鳥羽口付近

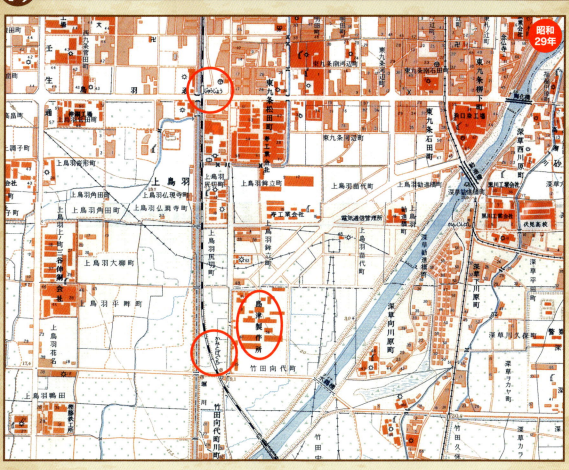

昭和29年

　南区を南に進む京都線は、かつての平安京の南端である十条通りと交差し、十条駅が置かれている。この当時はまだ南側には、住宅にまじって農地が残っていたほか、工場も点在している。この先、進路はやや東寄りとなり、鴨川を超える手前に上鳥羽口駅がある。この駅の東側には、島津製作所の工場が見えるが、現在は村田機械本社工場、京都拘置所と変わっている。
　地図上の住所表記を見ると、この付近は「上鳥羽」と「竹田」という2つの地名を冠した町の境目であることがわかる。一方、鴨川の東側は、「深草」を冠した町名で、京阪本線が走っている。

Takeda St. / Fushimi St.

竹田、伏見
たけ　だ　　　ふし　み

竹田駅で烏丸線と連絡、相互乗り入れも
奈良鉄道・国鉄時代に伏見駅が存在した

【竹田駅】
開業年	昭和3(1928)年11月15日
所在地	京都市伏見区竹田桶ノ井町
キロ程	3.6km（京都起点）
駅構造	地上駅(橋上駅)
ホーム	2面4線
乗降人数	11,402人

【伏見駅】
開業年	昭和3(1928)年11月15日
所在地	京都市伏見区深草柴田屋敷町79
キロ程	4.9km（京都起点）
駅構造	高架駅
ホーム	2面2線
乗降人数	6,326人

昭和61年

提供：近畿日本鉄道

現在

竹田駅北駅舎東口

この竹田駅には、北側と南側に二か所の駅舎がある。北駅舎の東西には路線バスの停留所があり、京都市バス、京阪バスなどが発着する。

▲竹田駅
移転する前の竹田駅の駅舎とホーム。橋上駅舎ではなく地上駅舎で、相対式ホームを有していた。開業時の駅名になった「城南宮楽水苑」の看板が見える。

現在

▶琵琶湖疏水と桜と近鉄電車
琵琶湖疏水に架けられた京都線の上路トラス橋。このトラスの下には、明治時代に奈良鉄道（現・JR奈良線）が架けた橋梁のレンガの橋台が残っている。

◀伏見駅
昭和3年の開業時から、高架駅とされた伏見駅。改札口は北側の国道24号（竹田街道）に面して設けられている。

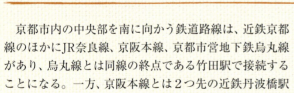

現在

　京都市内の中央部を南に向かう鉄道路線は、近鉄京都線のほかにJR奈良線、京阪本線、京都市営地下鉄烏丸線があり、烏丸線とは同線の終点である竹田駅で接続することになる。一方、京阪本線とは2つ先の近鉄丹波橋駅で接続し、奈良線ともこの付近で接近することとなる。
　竹田駅は昭和3(1928)年11月に奈良電気鉄道の城南宮前駅として開業し、昭和15年1月に竹田と改称した。昭和62(1987)年7月、旧駅から350メートル、上鳥羽口駅側の現在地に移転。昭和63年6月、地下鉄烏丸線の延伸により同線に竹田駅が開業し、連絡駅となった。同年8月からは、地下鉄線との間で相互直通運転も実施されている。駅構造は島式ホーム2面4線の地上駅で、南北に2つの橋上駅舎を有している。
　この駅は開業当初の駅名となった城南宮（真幡寸神社）の最寄り駅であり、さまざまなイベント会場となるパルスプラザ（京都府総合見本市会館）も近い。また、駅の北西には、烏丸線の車両基地である京都市交通局竹田車庫がある。
　伏見駅は同じ昭和3年11月の開業で、相対式ホーム2面2線をもつ高架駅である。この駅のある場所には国鉄時代に旧奈良線の伏見駅が存在し、後に貨物駅となり、昭和3年9月に廃止された。なお、東側を走る京阪本線の最寄り駅は墨染駅であり、伏見稲荷駅、伏見桃山駅は、かなり離れた場所に位置する。

⬆伏見駅
高架の伏見駅を通過するビスタカー。昭和52年12400系として登場し、その後兄弟車として12410系、12600系も製造された。

⬆竹田付近の京阪車両
近鉄線内を走る京阪500形。京阪は近鉄の京都から宇治まで直通する運転を行っていた。

⬆伏見の酒蔵
良質の水に恵まれ、「伏水」とも記された伏見は全国に名高い酒造りの里となり、現在も酒蔵が残され、観光名所となっている。

地図の上方には清水寺、東福寺、伏見稲荷(大社)といった人気の観光名所が見える。京都線(当時・奈良電)には、城南宮前(現・竹田)、伏見、堀内(現・近鉄丹波橋)駅が見える。

🚶 古地図探訪
竹田、伏見付近

竹田駅北側を鴨川が西寄りに流れていくのに対して、京都線は東寄りに進んでゆくことになる。この頃の竹田駅は、奈良電気鉄道(現・近鉄)の単独駅で、京都市営地下鉄烏丸線の駅はまだ開業していなかった。また、駅の上を東西に横切る名神高速道路、西側の阪神高速8号京都線も開通していないため、現在より随分シンプルな地図である。

次の伏見駅も竹田駅と同じ伏見区の駅であるが、昭和初期までは伏見市(昭和4年以前は伏見町)であり、京都市伏見区になったのは昭和6年4月である。駅の北東に見える消防学校は移転し、現在は京都教育大学付属高校となっている。

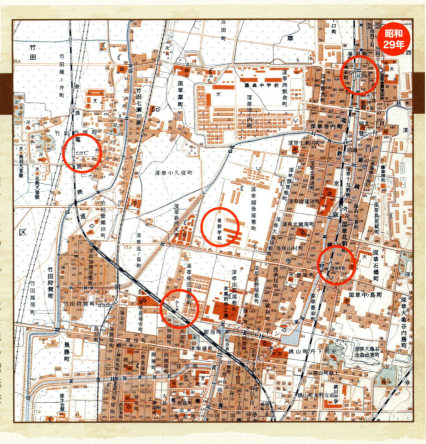

地下鉄烏丸線と四条烏丸交差点

　近鉄京都線と相互乗り入れを行っている京都市営地下鉄烏丸線は、京都市内の中心部にある四条駅で、阪急京都線の烏丸駅と接続している。地下に両駅がある四条烏丸交差点付近は、京都の金融・ビジネスの心臓部であり、大丸百貨店京都店にも近く、夏の祇園祭においては山鉾のシンボル的存在である長刀鉾が建つ場所でもある。

　歴史をさかのぼれば、明治45（1912）年6月、京都市電最初の路線である烏丸線、四条線が開通し、最初の交差点（十字路）となったのが、この四条烏丸交差点である。中心部の南北を走る烏丸線、東西を走る四条線は、まさに京都市内交通の幹線であり、それが阪急京都線の地下路線、地下鉄烏丸線に受け継がれた形であった。

　3枚の絵葉書は大正、昭和戦前期、昭和戦後期のもので、時代の変遷とともに変化した交差点の姿を紹介する。

明治45年6月、初の市電路線である四条線と烏丸線が開通し、両線が結ばれる接続点（停留場）となった四条烏丸交差点付近。

四条通りの烏丸交差点から東山（祇園石段下）方向を望む。中央奥には大丸百貨店が建つ。右手の烏丸通りには乗合自動車（バス）の姿も見える。

京都市における金融・ビジネスの中心地である四条烏丸交差点。市電に変わり、現在は阪急京都線と京都市営地下鉄烏丸線が地下で交わる。

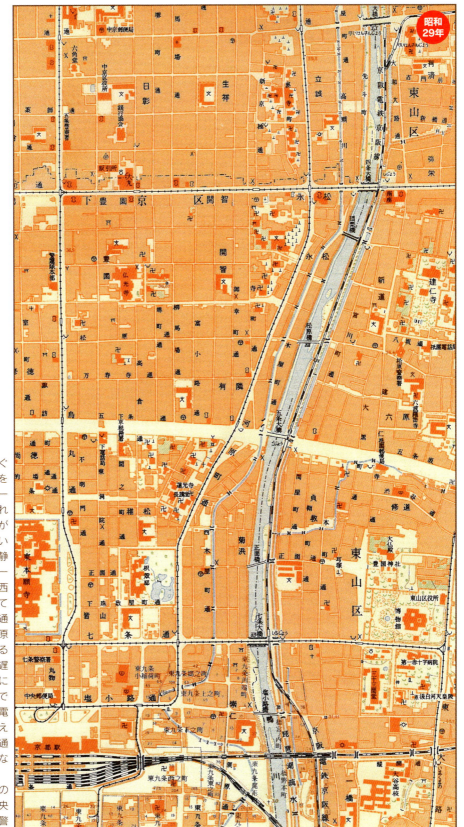

　京都駅から北へ真っ直ぐ延びる烏丸通りは、京都市を南北に貫くメイン・ストリートである。この地図が作られた当時は、京都市電烏丸線が走っていたが、京都駅に近い東本願寺の横では、境内の静けさを保つために東側にカーブしている。この当時は、西洞院通りにも市電が走っているが、こちらは京電が開通した路線である。また、河原町通りにも市電が走っているが、こちらは烏丸線よりも遅い、大正末期から昭和初期にかけて開通していった路線である。また、東西を走る市電には、七条線と四条線が見えるが、最も道幅の広い五条通りには、市電が走ることはなかった。

　京都駅前には下京区役所のほか、移転する前の京都中央郵便局と丸物百貨店、七条警察署が存在していた。

Kintetsu-Tambabashi St.
近鉄丹波橋
奈良電気鉄道時代、堀内駅として開業
丹波橋駅に改称、京阪本線との連絡駅に

【近鉄丹波橋駅】

開業年	昭和20(1945)年12月21日
所在地	京都市伏見区桃山筒井伊賀東町45
キロ程	6.0km（京都起点）
駅構造	地上駅(橋上駅)
ホーム	2面2線
乗降人数	46,534人

昭和36年

撮影：J.WALLY HIGGINS

▲丹波橋付近

京阪と奈良電（現・近鉄京都線）が当時は丹波橋駅で同一ホームの乗り換えが可能であった。左手の乗り場案内板に京阪交野線の「私市」が記されているのが面白い。

昭和34年

撮影：荻原二郎

▲丹波橋駅ホームの奈良行き

当時の直通列車の運転区間は京阪車両が宇治〜丹波橋〜京都で奈良電及び近鉄車両が近畿日本奈良〜丹波橋〜三条の各普通列車だった。

現在

◀近鉄丹波橋駅

昭和43年に京阪の丹波橋駅と分離され、昭和45年に駅名を改めた近鉄丹波橋駅。橋上駅舎をもち、京阪駅とは連絡通路で結ばれている。

昭和41年

撮影：高橋 弘

▲丹波橋付近の820系

丹波橋駅を京都方面に発車した820形2連。この付近は自転車置き場となっているが、昭和50年代までは、京阪・近鉄との連絡線の跡がよく分かった。

　近鉄丹波橋駅は昭和3(1928)年11月、奈良電気鉄道（現・近鉄）の京都〜桃山御陵前間の開通時に、堀内駅として開業した。昭和20年12月、京阪（当時は京阪神急行電鉄）線の乗り入れに際して、丹波橋（現・近鉄丹波橋）駅が開業し、堀内駅は廃止された。このときから京阪と近鉄の共同駅となり、両線の相互乗り入れが実施され、昭和43年12月まで行われていた。なお、駅名は丹波橋駅から昭和43年12月に近畿日本丹波橋駅となり、昭和45年3月に現在の駅名となった。

　駅の構造は、相対式ホーム2面2線の地上駅で橋上駅舎を有している。この場所には旧堀内駅があり、京阪との共同駅使用時の昭和42年8月に近鉄京都線専用ホーム、線路が設けられ、翌年に近鉄駅となった。現在、京阪駅とは連絡通路で結ばれている。

　京阪の丹波橋駅は明治43(1910)年6月、桃山駅として開業し、その後、大正12(1923)年7月に現在の駅名となった。駅の構造は、島式ホーム2面4線を有し、北口は地下駅舎、南口は橋上駅舎となっている。南口側から伸びる連絡通路で、近鉄駅と結ばれている。駅名、地名の「丹波橋」は、この付近に豊臣家に仕える武将であった桑山丹波守の屋敷があり、架けられた橋名「丹波橋」が由来とされる。

⛩丹波橋駅北側付近

現在の京阪の丹波橋駅北側（井伊掃部西町）付近の往事の光景。立体交差を行く近鉄モハ430形（左）と京阪500形（右）。

古地図探訪

近鉄丹波橋付近

　この当時の丹波橋駅は、京阪本線と奈良電気鉄道（現・近鉄京都線）の共同使用駅で、両線は丹波橋駅で相互乗り入れを行っていた。駅の東側には、多くの学校が存在する。北から京都市立桃山中学校、学芸大学桃山分校、京都府立桃山高校で、学芸大学桃山分校は現在、京都教育大学付属桃山中学校・小学校になっている。

　北西のキンシ正宗酒蔵・堀野酒造酒蔵は、キンシ正宗本社となる一方、中京区の旧堀野家本宅を酒造の展示施設「堀野記念館」として公開している。この付近では、国鉄奈良線もかなり接近して走っている。

昭和42年

◀丹波橋駅付近

橿原線に直通する800系、この車両は奈良線の料金不要のサービス特急としても運用され利用客に好評を博した。

撮影：今井啓輔

昭和31年

▶京阪の四条駅に停車している奈良電

現在この区間は地下化され、駅名も祇園四条に改称された。さらに、三条から出町柳まで延伸され鴨東線も開通した。写真は三条発近畿日本奈良行き普通列車。

▼五条（現・清水五条）駅と近鉄電車

奈良電から近鉄に改組されても相互乗り入れは近鉄の昇圧がなされる昭和43年まで続けられた。

撮影：J.WALLY HIGGINS

昭和43年

撮影：高橋 弘

昭和42年

◀丹波橋駅ホーム
奈良電(京都線)と京阪線の電車が並ぶ姿があった頃の丹波橋駅ホーム。左は京都行きの急行、右は京阪の下り(淀屋橋方面)の列車。

▼丹波橋駅の踏切
丹波橋駅構内の北寄り(伏見、墨染方向)には大きな構内踏切があった。当時としては決して珍しい光景ではなかった。

昭和42年

◀丹波橋駅ホーム
近鉄の京都行きと京阪の宇治行きが並んでいる光景。

▼丹波橋駅ホーム
京阪の丹波橋駅と共同駅だった頃の丹波橋駅。近鉄、京阪両社が接続した当駅構内は複雑であった。

昭和41年

Momoyamagoryomae St.
桃山御陵前

昭和3年、西大寺に至る奈良電の始発駅
明治天皇を埋葬、伏見桃山陵の最寄り駅

【桃山御陵前駅】

開業年	昭和3(1928)年11月3日
所在地	京都市伏見区観音寺前29
キロ程	6.5km（京都起点）
駅構造	高架駅
ホーム	2面2線
乗降人数	14,855人

▶**桃山御陵前駅**
伏見大手筋の商店街（ストリート）に対して開かれている桃山御陵前駅の改札口。開業当時の構造物が一部残されている。

◀**桃山御陵前駅前、大手筋**
京阪と奈良電の駅付近から伏見桃山陵へ続く伏見の大手筋。ガードの左側に奈良電の桃山御陵前駅が置かれている。

▲**桃山御陵前駅**
高架下に設けられている桃山御陵前駅の改札口前。この当時あった食堂のショーウインドウとウェイトレスの姿が見える。

◀**伏見桃山陵**
明治天皇のご遺体を埋葬した伏見桃山陵。東側に隣接する形で、昭憲皇太后の伏見桃山東陵が存在する。

▶**桃山御陵前駅のホーム**
昭和3年の開業当時から高架線の駅となっていた桃山御陵前駅のホーム。左手奥には宇治川に架かる澱川橋梁が見える。

　奈良電気鉄道（奈良電）時代の昭和3（1928）年11月3日、まず桃山御陵前〜西大寺（現・大和西大寺）間が開業し、始発駅である桃山御陵前駅が誕生。同月15日、京都〜桃山御陵前間の延伸により途中駅となった。奈良電時代の本社はこの駅前に置かれていた。

　桃山御陵前駅は開業当初から高架駅で、相対式ホーム2面2線を有している。その理由は、桃山御陵参道とは平面交差することが許可されず、陸軍（第16師団）の深草練兵場の横を鉄道が地平で通過することができなかったからである。また、地下化の検討もあったものの、伏見酒造組合の反対により高架線となったと伝えられる。

　駅名の由来となる桃山御陵（伏見桃山陵）は明治天皇の陵で、大正元（1912）年にこの地に築かれた。それ以前、ここには豊臣秀吉が築いた伏見城の本丸があり、隣接して昭憲皇太后の伏見桃山東陵も存在する。明治天皇陵は上円下方墳で、東西127メートル、南北155メートルの規模である。

　この駅の西側には京阪の伏見桃山駅があり、東側にはJR奈良線の桃山駅が存在する。また、桃山駅の東側、伏見桃山陵の南側には、大正5年に創建された乃木神社があり、明治天皇に仕えて殉死した乃木希典・静子夫妻が祀られている。

澱川橋梁
桃山御陵前〜小倉間の澱川橋梁を渡る。当時は向島駅が未開業であったため駅間距離は約5キロメートルと長かった。

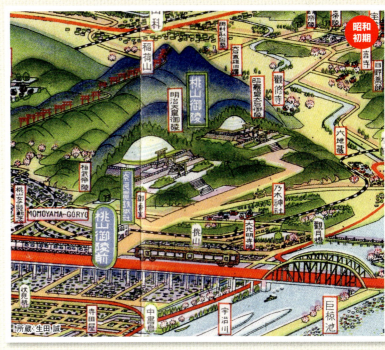

中央には明治天皇御陵、昭憲皇太后御陵がある桃山御陵が見え、その玄関口として、桃山御陵前駅が大きく描かれている。その右側には、澱川橋梁が架かる。国鉄奈良線には桃山駅がある。

古地図探訪

桃山御陵前付近

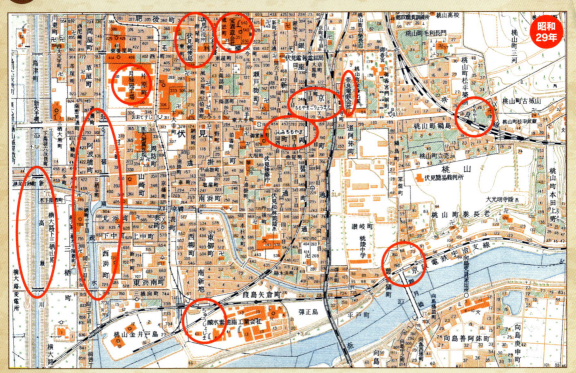

桃山御陵前駅の東側には、奈良電気鉄道の本社があった。駅の西側には、京阪の伏見桃山駅、少し離れた東側には国鉄の桃山駅が置かれている。駅名の由来となった伏見桃山陵は、国鉄駅のさらに東側にある。

桃山御陵前駅の西側には、伏見区役所、伏見税務署が見え、隣接して宝酒造会社(伏見工場)がある。その南西には、月桂冠(昭和蔵)工場があり、伏見が酒造りの町であることを示している。また、西側には、琵琶湖疏水と新高瀬川の2つの流れが見える。

Mukaijima St.

向島
むかいじま

昭和54年開業、
ニュータウンの玄関口
昔は巨椋池、今は種智院大学キャンパス

【向島駅】

開業年	昭和54(1979)年3月30日
所在地	京都市伏見区向島東定請11
キロ程	8.6km（京都起点）
駅構造	地上駅（橋上駅）
ホーム	2面4線
乗降人数	16,050人

昭和31年

撮影：野口昭雄

澱川橋梁を渡る

奈良電1000形が大久保方面から走行してきた。行き先は三条であり京阪本線に乗り入れる運用。この先、京阪宇治線（中書島〜観月橋間）を跨いで桃山御陵前に達する。

　丹波橋駅を出た京都線は、さらに南に進んで、宇治川に架かる橋梁を渡る。次の向島駅は昭和54(1979)年3月、桃山御陵前〜小倉間に開業した新設駅で、宇治市との境界付近に置かれている。駅の構造は島式ホーム2面4線の地上駅で、橋上駅舎を有している。

　この駅は、向島ニュータウンの最寄り駅となっている。駅のまわりに広がる向島ニュータウンは、この地に存在した二ノ丸池（巨椋池の一部）が干拓されて誕生した住宅地で、京都市住宅供給公社により開発された。昭和47年から造成が始まり、昭和52年から入居が始まった。この付近には向島二の丸小学校、向島中学校などとともに、空海（弘法大師）が創設した綜芸種智院の流れをくむ種智院大学が存在する。昭和24年に新制種智院大学が設立され、平成11(1999)年に東寺の境内から向島にキャンパスを移転した。

　また、巨椋池は京都府の南部に存在した巨大な池で、付近には宇治川、木津川、桂川などが流れていたが、秀吉が伏見城築城時に堤防を築き、河川改修を行っている。その後、明治時代に宇治川の付け替えが行われ、昭和8年から16年まで干拓工事が実施されて農地と変わり、現在後はほとんどが住宅地となっている。現在も、太閤堤跡の史跡が残る。

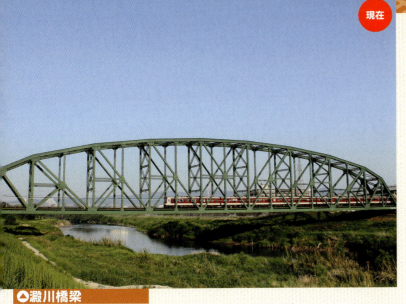

現在

🔺 澱川橋梁
桃山御陵前〜向島間に架かる澱川橋梁は巨大なトラス橋。渡る川は宇治川で、架橋する際、陸軍隊の演習地であったため橋脚が演習の邪魔になることを想定し、大規模なトラス橋建設に踏み切ったと言われている。

現在

🔺 巨椋池の東一口水門
干拓地に今も残されている大きな水門。この地名の「一口(いもあらい)」は、難読地名としても有名である。

昭和54年

▶ 向島駅東口
向島ニュータウンの玄関口として昭和54年3月に開業した向島駅。当初から橋上駅舎の地上駅として誕生した。
提供：近畿日本鉄道

現在

🔺 向島駅
駅の周囲は干拓地で、東側にニュータウンが広がる。待避可能な構内を持ち普通列車の通過待ちが行われている。

🚶 古地図探訪

向島付近

近鉄の向島駅が開業する25年前の地図であり、付近一帯には水田が広がっている。向島ニュータウンの建設前であり、集落とともに京都市立向島中学校、種智院大学などもなかった。一方、北側を流れる宇治川の南岸付近には、大和街道沿いに集落が続いていた。

京都線の西側には、日本レーヨン(現・ユニチカ)伏見工場があったが、移転した跡地には、京都市立向島南小学校が移転してきた。現在、その西側には、宇治川公園が広がっている。国道24号の東側に見える「文」の地図記号は、この地区では古い歴史をもつ京都市立向島小学校である。

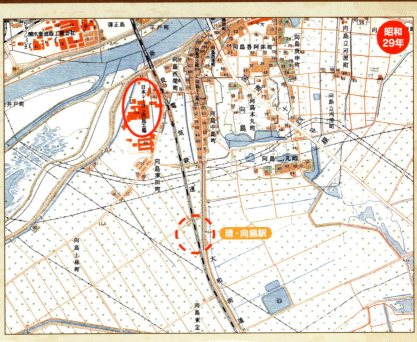

昭和29年

京都市下京区 / 京都市南区 / 京都市伏見区 / 宇治市 / 城陽市 / 京田辺市 / 精華町 / 木津川市 / 奈良市

27

Ogura St. / Iseda St.

小倉、伊勢田
<small>おぐら　　いせだ</small>

小倉村は宇治市に、JR小倉駅の先輩格
伊勢田駅付近は、かつての巨椋池の南岸

【小倉駅】

開業年	昭和3(1928)年11月3日
所在地	京都府宇治市小倉神楽田35-4
キロ程	11.4km（京都起点）
駅構造	地上駅
ホーム	2面2線
乗降人数	16,232人

【伊勢田駅】

開業年	昭和3(1928)年11月3日
所在地	京都府宇治市伊勢田中山25
キロ程	12.7km（京都起点）
駅構造	地上駅(地下駅舎)
ホーム	2面2線
乗降人数	7,392人

昭和50年頃　提供：近畿日本鉄道

現在　小倉駅西口
小倉駅には西口と東口があり、上下線のホームを結ぶ跨線橋、地下道は存在しない。この改札口の外側に連絡地下道が設置されている。

伊勢田駅
地上駅だった頃の伊勢田駅で、自動券売機の横には昭和の香り漂う出札口が残されていた。ホームに向かう女性たちの姿がある。

伊勢田駅
平成7年に地下駅舎となり、奈良寄り（南）の2か所に地上出入り口が設けられた伊勢田駅。手前の踏切を京都行きの特急が通過する。

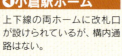
現在　小倉駅ホーム
上下線の両ホームに改札口が設けられているが、構内通路はない。

　京都市内を南に走ってきた京都線は、向島駅を出るとしばらくして宇治市に入る。次の小倉駅は、宇治市小倉町に存在する。ここはかつての久世郡小倉村で、小倉（おぐら）の名につながる巨椋池があった場所でもある。小倉村は昭和26(1951)年3月、宇治町、槇島村などと合併し、宇治市が成立、京都のベッドタウンになっている。

　小倉駅の開業は昭和3(1928)年11月、奈良電気鉄道の桃山御陵前〜西大寺（現・大和西大寺）間の開通時で、当初は小倉駅から大阪の玉造駅に至る京阪間の路線の計画もあった。駅の構造は相対式ホーム2面2線の地上駅で、上下線に別々の改札口が置かれている。なお、奈良線のJR小倉駅が徒歩10分足らずの南東にある。このJR小倉駅は、近鉄駅および福岡の小倉（こくら）駅と区別するため、「JR」を冠している。この駅の開業は平成13(2001)年3月で、奈良線の宇治〜新田間の複線化と同時に開業した新しい駅である。

　次の伊勢田駅も宇治市内にあり、同じく昭和3年11月の開業である。地上駅であるが、平成7年に駅舎は地下化された。駅の北西には、旧伊勢田村の氏神だった伊勢田神社があり、天照大神が祀られている。このあたりは、古くは巨椋池の南岸になっていた。

現在
巨椋池干拓地
現在も京都、大阪市に米や野菜を供給する食糧生産地となっている巨椋池干拓地。多くの渡り鳥がやってくる飛来地でもある。

現在
巨椋神社
小倉駅の北、約600メートル離れた場所にある巨椋神社は、巨椋池のほとりを本拠としていた巨椋氏が創建した古社である。

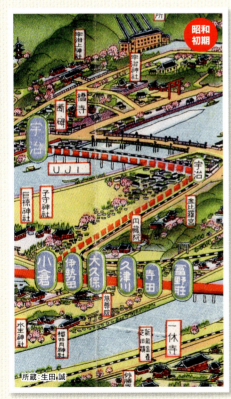
昭和初期
宇治川と木津川の流れる間に小倉、伊勢田とともに、大久保、久津川、寺田、富野荘の6駅がまとめて描かれている。京阪の宇治駅との間には、当初の本線である未開通路線が点線で結ばれている。

古地図探訪　小倉、伊勢田付近

　小倉駅の西側には、巨椋池干拓地の水田が広がっている。京都線の東側には、府道69号城陽宇治線が走るが、駅周辺には人家は見えず、集落は駅の北東、古い大和街道（奈良街道）沿いにあった。ここには、巨椋神社、子守神社が存在し、巨椋神社はこのあたりを本拠としていた豪族・巨椋氏が創建したと伝わる。

　一方、国鉄の小倉駅方面から南下してきた奈良線と近づくあたりに、伊勢田駅が置かれている。この駅の南西に見える「文」の地図記号は、宇治市立西宇治中学校である。また、東側に見える「日国社宅」は、日本国策工業（現・日産車体）の社宅だった。

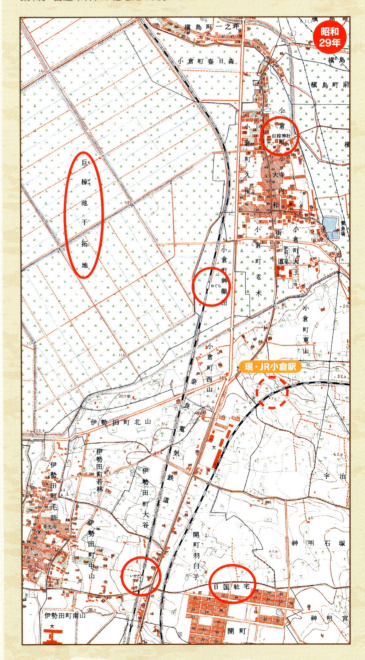
昭和29年

Okubo St. / Kutsukawa St.

大久保、久津川

大久保駅西側に、自衛隊の大久保駐屯地
久津川には、時代劇ロケ地の流れ橋あり

【大久保駅】
開 業 年	昭和3（1928）年11月3日
所 在 地	京都府宇治市広野町西裏81－2
キ ロ 程	13.6km（京都起点）
駅 構 造	高架駅
ホ ー ム	2面4線
乗降人数	25,349人

【久津川駅】
開 業 年	昭和3（1928）年11月3日
所 在 地	京都府城陽市平川東垣外1－4
キ ロ 程	14.6km（京都起点）
駅 構 造	地上駅
ホ ー ム	2面2線
乗降人数	7,476人

時期不詳
提供：近畿日本鉄道

◆大久保駅
昭和62年に現在地に移転して高架駅となる前の大久保駅。手前に見える踏切の存在が交通渋滞の原因で立体交差化された。

昭和30年
撮影：高橋 弘

◆大久保駅ホーム
大久保駅に停車しているモ200形3連。現在の大久保駅は待避線付きの高架駅となっているが、それまでは普通の相対式ホームの駅であった。

現在

◀大久保駅ホーム
大久保駅に到着した地下鉄烏丸線からの乗り入れ列車。近鉄京都線でもお馴染みの顔。

昭和52年
提供：近畿日本鉄道

▶久津川駅
駅舎が平屋建てだった頃の久津川駅で、構内踏切が設けられていた。

　高級茶を産する茶所として有名な宇治市で、3番目となる京都線の駅が大久保駅である。現在は宇治市広野町に置かれているが、かつてこのあたりには大久保村と広野村が存在しており、村名（地名）から駅名が採用された形である。

　駅の開業は昭和3（1928）年11月で、当初は相対式ホーム2面2線をもつ地上駅だった。現在は島式ホーム2面4線をもつ高架駅で、昭和62（1987）年に高架化され、待避線が設けられた。駅の西側には、陸上自衛隊の大久保駐屯地が広がっている。

　京都線はさらに南に進み、今度は宇治市から城陽市に入る。このあたりの路線は西の国道24号、東の京都府道69号に挟まれて走ってゆく。さらに東側にはJR奈良線があるが、乗り換えに適する駅は存在せず、さらに南東に城陽市の中心駅である城陽駅が置かれている。

　次の久津川駅も同じ昭和3年11月の開業である。駅の構造は相対式ホーム2面2線の地上駅で、上下線それぞれに改札口が存在する。

　この駅から少し離れた西側を流れる木津川には、時代劇などのロケ地として有名な通称・流れ橋の上津屋橋があり、観光名所となっている。古くはここに渡し舟があったが、昭和28年にこの橋が架橋された。現在の橋脚はコンクリート製だが、木製の橋桁は固定されておらず、豪雨などの際には水に流されるものの、分解された部分がロープで結ばれており、速やかな復旧が可能な形となっている。

昭和30年

撮影：高橋弘

◀ **奈良電時代の久津川付近**
久津川付近を走る旧奈良電クハボ650の2連。京都線は元々車両限界が広かったために、奈良線・橿原線の車両よりも車幅の広い電車が走っていた。

現在

◀ **平井神社**
久津川駅の北西に鎮座する平井神社。江戸時代には牛頭天王社と呼ばれており、明治2年に現在の名称に改められた。

現在

⬆ **大久保駅**
広い駅前とスマートな外観の高架駅となっている大久保駅。急行、準急、普通が停車する京都線の主要駅のひとつである。

現在

⬆ **久津川駅**
大和西大寺方向の上下線それぞれに設けられている久津川駅の駅舎。踏切を通過し、停車するのは京都行きの普通である。

🚶 古地図探訪
大久保、久津川付近

　大久保駅の北西には、陸上自衛隊大久保駐屯地が広がっている。その南側には、浄土宗の寺院、瑞泉寺が存在する。一方、東側には、連絡駅となる国鉄奈良線の新田駅が置かれている。このあたりの京都線は、府道69号、奈良線と並行して南に進んでゆく。

　次の久津川駅の西側には、「文」の地図記号が見えるが、明治22（1889）年、久津川村の発足と同時に誕生した、城陽市立久津川小学校である。この学校の北側には、浄土宗の寺院、安養寺がある。また、北西に位置する浄円寺には、開校当初の久津川小学校の仮校舎が置かれていた。

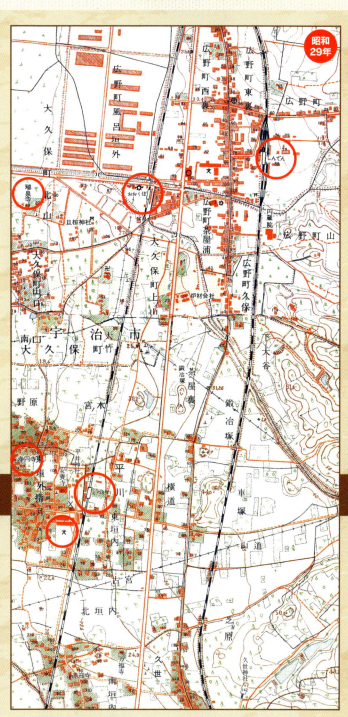

昭和29年

Terada St. / Tonosho St.
寺田、富野荘

城陽市の中心地、「寺田いも」は特産品
富野村、枇杷荘村が合併して、富野荘に

【寺田駅】

開業年	昭和3(1928)年11月3日
所在地	京都府城陽市寺樋尻41-3
キロ程	15.9km（京都起点）
駅構造	地上駅（地下駅舎）
ホーム	2面2線
乗降人数	8,514人

【富野荘駅】

開業年	昭和3(1928)年11月3日
所在地	京都府城陽市枇杷庄鹿背田58
キロ程	17.4km（京都起点）
駅構造	地上駅（地下駅舎）
ホーム	2面2線
乗降人数	6,896人

昭和60年
提供：近畿日本鉄道

◎寺田駅
寺田駅のホーム側面と道路横に開かれている地上出入り口。階段を降りた地下部分に改札口とコンコースがある。

現在
◎22600系
平成21年に製造された汎用型特急車両。「Ace」の愛称をもち、4両編成と2両編成がある。団体列車などで阪神線にも乗り入れが可能。

▷富野荘駅
瓦屋根をもつ、地上駅舎だった頃の富野荘駅。小さな改札口、駅看板に昭和の駅の雰囲気が漂っていた。

現在
◁3220系（シリーズ21）
新田辺行きの普通がやってきた寺田駅の1番ホーム。ホームは地上にあり、改札口、コンコースは地下に設けられている。

昭和61年
提供：近畿日本鉄道

　寺田駅はJR城陽駅とともに城陽市の玄関口となっており、乗降客数では市内最多である。現在、人口約7万人の城陽市は、昭和26(1951)年4月に寺田村、富野荘村、久津川村、青谷村が合併して城陽町が成立。昭和47年5月、市制を施行して城陽市が誕生している。寺田駅の開業は、昭和3(1928)年11月で、京都線における城陽市役所の最寄り駅となっている。

　この寺田といえば、おいしいサツマイモの産地で、「寺田いも」のブランドとして知られる。現在、木津川に近い荒州地区には、芋ほり体験ができる観光農園が存在する。また、戦前には奈良電気鉄道（現・近鉄京都線）が経営する寺田球場があり、阪神タイガースの選手が練習なども行っていた。

　次の富野荘駅は、同じ昭和3年11月の開業で、相対式ホーム2面2線をもつ地上駅である。城陽市（町）になる前の富野荘村は、明治22(1889)年に富野村、枇杷荘村、観音堂村が合併して誕生している。現在、駅南西の木津川に近い地区が「枇杷荘」、東側のJR長池駅に近い地区が「富野」、その先（南東）の地区が「観音堂」となっている。長池駅は明治29(1896)年1月、奈良鉄道時代の開業で、この地域では最も古い歴史がある。この駅の北東には、森山遺跡、木津川運動公園がある。

現在

▲寺田駅
寺田駅の地上出入り口は、久津川（北）方向の両側に設けられている。この駅は準急・普通のほか、文化パルク城陽でのイベント開催時に急行が臨時停車する。

現在

▲富野荘駅
富野荘駅の地上出入り口は、新田辺（南）方向の両側に設けられている。新田辺駅との間には昭和47年まで臨時駅の木津川駅が存在した。

昭和41年

撮影：今井啓輔

▲富野荘〜新田辺間
城陽市内最後の富野荘駅を過ぎると急な上り坂で築堤を駆け上がり、木津川橋梁にさしかかる。木津川は伊賀地方からこの周辺の山城盆地をゆっくりと流れる。

平成12年

撮影：岩堀春夫

▲古参の特急車両、新スナックカー
12200系として昭和44（1969）年にデビュー。大阪万博と、それに呼応して伊勢志摩方面の観光需要を見込んで開発された。軽食サービース設備が搭載されていたためこの愛称が付いた。

古地図探訪
寺田、富野荘付近

寺田駅の東側、奈良電気鉄道（現・近鉄京都線）と国鉄奈良線に挟まれた場所に、寺田（旧寺田村）の集落が存在する。この集落が北東に伸びた場所に、城陽市立寺田小学校を示す「文」の地図記号が見え、昭和33（1958）年、東側に国鉄の城陽駅が誕生した。この寺田小学校は、明治6（1873）年開校の古い歴史をもつ。この南側には現在、城陽市役所が誕生している。

一方、富野荘駅の東側には、西富野、東富野の集落が存在する。西富野の北東にある荒見神社は、旧富野荘村の産土神で、本殿は重要文化財に指定されている。

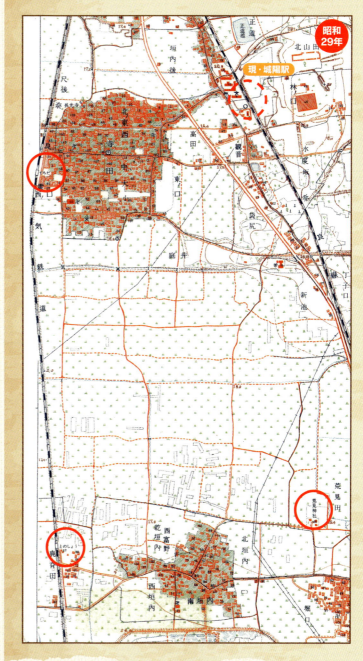

昭和29年

Shin-Tanabe St.
新田辺
昭和3年に開業、現在は橋上駅舎を使用
JR京田辺駅とともに、京田辺市玄関口

【新田辺駅】	
開業年	昭和3(1928)年11月3日
所在地	京都府京田辺市河原食田2-3
キロ程	19.6km（京都起点）
駅構造	地上駅（橋上駅）
ホーム	2面4線
乗降人数	25,097人

◀新田辺駅（昭和39年）
現在のような橋上駅舎になる前の新田辺駅の地上駅舎。昭和39年に改築された。
撮影：荻原二郎

▲新田辺車庫（現在）
新田辺駅の北西側には新田辺車庫が設けられている。新田辺駅での列車折り返しには、待避線とともにこの車庫も利用されている。

▶木津川駅
この頃、木津川に開かれていた水泳場のために開設された夏季臨時駅の木津川駅。戦前からあり、戦後は昭和23年から昭和40年まで利用されていた（廃止は昭和49年）。

◀新田辺駅ホーム（昭和41年）
撮影：今井啓輔

▲新田辺駅西口（現在）
昭和63年に橋上駅舎となった新田辺駅の西口。かつては西側に駅本屋があり、構内踏切で東西を連絡していた。その後は東側にも改札口が設けられた。

（現在）
乗り入れの京都市営地下鉄10系国際会館行きが発車を待つ。昭和63年の竹田開業時から活躍を続けているアルミ車体の車両である。

　京都線は城陽市と京田辺市の境界に架かる木津川橋梁を渡り、次の新田辺駅に到着する。新田辺駅は京都線における主要駅で、昭和3(1928)年11月の開業である。島式ホーム2面4線の地上駅で、昭和63(1988)年完成の橋上駅舎を使用している。駅の北側には、新田辺車庫があるが、かつては北側に夏季に臨時駅の木津川駅が開設された。

　この駅のある京田辺市は、平成9(1997)年4月に誕生しており、それ以前には綴喜郡田辺町（旧田辺村）があった。明治22(1889)年4月、田辺村、大住村、草内村、三山木村、普賢寺村が発足し、昭和26年に旧田辺村以外の4村が田辺町に編入された。このあたりは高級茶の玉露の産地として有名で、「一休さん」こと一休宗純ゆかりの臨済宗大徳寺派の寺院、酬恩庵（一休寺）が存在する。駅西口のロータリーには、一休像が置かれている。

　これまでは、JR奈良線と近い経路をたどってきた京都線は、同線に別れを告げて、今度は大阪方面からやってきたJR片町線（学研都市線）と寄り添う形となってゆく。新田辺駅西側の約300メートル離れた場所に京田辺駅があるが、この駅は明治31年4月、関西鉄道の田辺駅として開業した古参駅である。平成9年3月の京田辺市制施行に際して、現在の駅名に改称している。

昭和43年

歴史のある新田辺車庫
奈良電時代からの車両基地であり、かまぼこ形の建屋が特徴である。改修を重ねながら現在も使用されている。
撮影：今井啓輔

昭和39年
撮影：荻原二郎

▶**新田辺駅ホーム**
右側の列車は京阪線に直通する三条行き普通列車。懐かしの行先板の漢字表記が旧字体の三條となっている。

昭和38年
撮影：荻原二郎

◀**新田辺駅ホーム**
現在は京田辺市の玄関口となった新田辺駅。特急を除く全列車が停車し、地下鉄烏丸線からの直通列車の大半は当駅で折り返す。

古地図探訪

新田辺付近

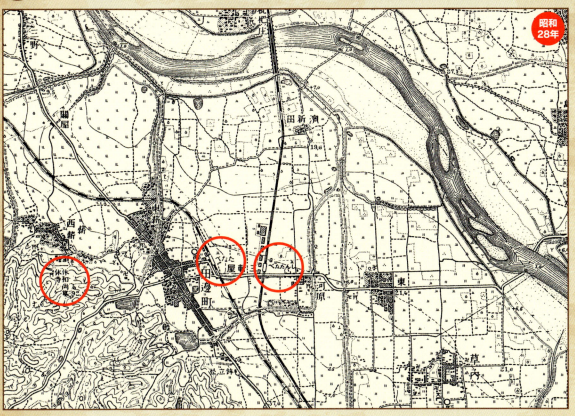

昭和28年

　地図の北側には、砂州の見える木津川の流れがある。この木津川は昭和30年代まで、夏季には京都市（府）民の水泳場となっていた。奈良電気鉄道（現・近鉄京都線）は、昭和4（1929）年7月から、臨時駅を開設。昭和7年には常設駅となったが、水泳場の閉場に伴い、昭和40（1965）年に休止（後に廃止）された。
　一方、新田辺駅と国鉄田辺（現・京田辺）駅の西側には、京都府道22号沿いに田辺町（現・京田辺市）の集落があり、さらに西の山側には一休寺・一休和尚墓の文字が見える。この付近には現在、山手幹線が通っている。

Kodo St. / Miyamaki St.
興戸、三山木

同志社大・同女子大キャンパス最寄り駅
片町線に同志社前、JR三山木駅が存在

【興戸駅】

開業年	昭和3(1928)年11月3日
所在地	京都府京田辺市興戸北落延6-1
キロ程	21.1km（京都起点）
駅構造	地上駅(橋上駅)
ホーム	2面2線
乗降人数	13,367人

【三山木駅】

開業年	昭和3(1928)年11月3日
所在地	京都府京田辺市三山木高飛2-6
キロ程	22.4km（京都起点）
駅構造	高架駅
ホーム	2面2線
乗降人数	4,294人

◯興戸駅（時期不詳）
提供：近畿日本鉄道
昭和60年代に駅舎の改築が進められた京都線の各駅。この興戸駅も昭和61年に橋上駅に変わるが、その前の地上駅時代の駅舎である。

◯興戸付近
旧奈良電のロマンスカーデハボ1200とクハボ600。現在でも興戸付近は、京都付近のなかで田畑が多い区間。しかし、当時と比べれば今では宅地化が進んでいる。

◯興戸駅（現在）
「同志社前」の副駅名をもち、同志社の京田辺キャンパスの利用客が多い興戸駅。徒歩圏内にあるため、学バス、路線バスともにこの駅前にはやって来ない。

◯大型曲面ガラスの3200系（現在）
初代京都市営地下鉄乗り入れ車として昭和61年に登場。マルーンレッドとホワイトという新しい塗装は、以後の近鉄通勤電車に波及した。

（昭和30年）
撮影：高橋弘

　新田辺駅を過ぎると京都線はJR片町線（学研都市線）と並行して南東に進んでゆく。この区間の京都線と片町線には、興戸駅と同志社前駅、三山木駅とJR三山木駅という2つの組み合わせの駅がある。

　興戸駅は昭和29(1954)年7月に開業した比較的新しい駅である。相対式ホーム2面2線を有する地上駅で、昭和61年12月から橋上駅舎が使用されている。この駅は、南西にあるJRの同志社前駅とともに、同志社大学、同志社女子大学の京田辺キャンパスの最寄り駅となっている。2つの大学キャンパス、同志社国際高校は、西側を走る山手幹線（京都府道22号）沿いに点在している。

JR片町線の同志社前駅は、昭和61年4月とより遅い開業である。

　次の三山木駅は、昭和3(1928)年11月の桃山御陵前～西大寺（現・大和西大寺）間の開通時に開業している。現在の駅は、相対式ホーム2面2線の高架駅で、上り線は平成16年、下り線は平成17年に高架化されている。

　JR三山木駅は、昭和27(1952)年12月に上田辺駅として開業。平成9年にJRを冠した現在の駅名に改称した後、平成14年3月に木津方向に200メートル移転して高架化され、ロータリーを隔てて、近鉄駅と向かい合う形になっている。

興戸駅

興戸駅は昭和61年に現在のような橋上駅舎となった。改札口は1ヶ所で、出入り口は東西2ヶ所に設けられている。

三山木駅

三山木駅は平成17年に高架化が完成し、近代的な駅舎と駅前に生まれ変わった。駅前には奈良交通のバスターミナルがある。

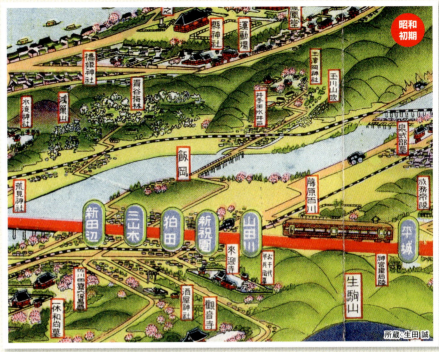

木津川を渡った京都線(当時・奈良電)は南方向に向かうが、地図上では右に進んでゆく。京都府内の新田辺、三山木、狛田、新祝園、山田川、奈良県内の平城駅の6駅がある(近鉄宮津、木津川台駅は未開業)。木津川を挟んだ上側を国鉄奈良線が走っている。

古地図探訪

興戸、三山木付近

　地図上には、京都線の三山木駅しか見えないが、現在は同線の興戸駅に加えて、JR片町駅にJR三山木(開業当初は上田辺)駅、同志社前駅が開業している。東側には農地、西側には丘陵・山地が広がっていたこの地域は住宅地に変わり、大学キャンパスなどが誕生した結果、新駅が誕生した。三山木駅の南西に見える「文」の地図記号は、京田辺市立三山木小学校である。

　一方、興戸の集落の西側には、「卍」と「鳥居」の地図記号が見える。前者は浄土宗の寺院、功徳山寿命寺で、後者は神功皇后ゆかりの社で紅葉の名所として知られる酒屋神社である。東側には、国鉄奈良線の玉水駅が見える。

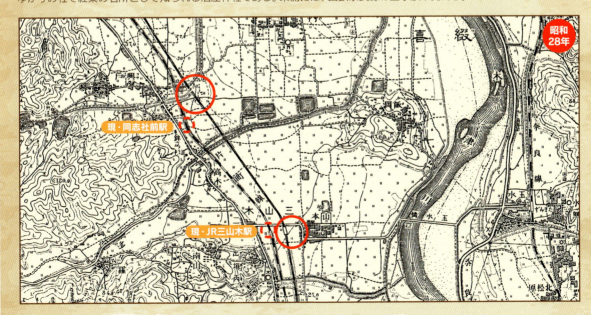

Kintetsu-Miyazu St. / Komada St.
近鉄宮津、狛田

平成5年、三山木信号所から近鉄宮津駅
JR下狛駅と並んで、精華町の玄関口に

【近鉄宮津駅】

開 業 年	平成5(1993)年3月18日
所 在 地	京都府京田辺市宮津灰崎3-1
キ ロ 程	23.1km（京都起点）
駅 構 造	地上駅
ホ ー ム	1面2線
乗降人数	404人

【狛田駅】

開 業 年	昭和3(1928)年11月3日
所 在 地	京都府相楽郡精華町大字下狛小下新庄62-1
キ ロ 程	24.4km（京都起点）
駅 構 造	地上駅
ホ ー ム	2面2線
乗降人数	2,795人

平成5年

▶近鉄宮津駅ホーム
現在
近鉄宮津駅に隣接する形で、近鉄の西大寺検車区宮津車庫が設置されている。京都線の車庫だが、奈良線の車両も一部、留置されている。

▶狛田付近の近鉄電車
この付近ではJR片町線が併走している。当時は長尾～木津間は非電化であり気動車がのんびりと走っていたが、現在は福知山線の宝塚方面まで直通電車が運行されている。

提供：近畿日本鉄道

▲近鉄宮津駅のホーム
平成5年に信号所から駅に昇格した近鉄宮津駅。真新しいホームに8600系の大和西大寺行き普通が停車している。

現在

◀近鉄宮津駅
盛土上に設けられた地上駅の近鉄宮津駅。ガード下奥の左側に改札口があり、ここからホームに向かう形になっている。

昭和44年

撮影：今井啓輔

　京田辺市の南端にあるのが、近鉄宮津駅である。平成5(1993)年3月、京都線の車庫である西大寺検車区宮津車庫が開設されるに伴い、三山木信号所が開業。同年9月に駅に昇格し、京都線で2番目に新しい近鉄宮津駅が生まれた。京都府内には、現・京都丹後鉄道（旧・JR宮津線）の宮津駅があるため、近鉄を冠した駅となった。駅の構造は、島式ホーム1面2線の地上駅だが、両側に通過線があるため、2番線が下り、3番線が上り用となっている。
　次の狛田駅は、精華町内の駅となる。駅の西側、同じ大字下狛にはJR片町線（学研都市線）の下狛駅が存在す

る。狛田駅は、昭和3(1928)年11月、奈良電気鉄道の桃山御陵前～西大寺（現・大和西大寺）間の開通時に開業した。相対式ホーム2面2線をもつ地上駅である。一方の下狛駅は、昭和27(1952)年12月1日の開業で、隣りのJR三山木（当時・上田辺）駅との同日開業である。
　両駅のある相楽郡精華町は、京都府の南西端にあり、かつては狛田村、祝園村、稲田村、山田荘村が存在。昭和6年に狛田村など3つの村が合併して、川西村が成立。昭和26年4月に川西村、山田荘村が合併して、精華村が誕生した。昭和30年4月、町制施行により精華町となっている。

昭和44年

◀狛田駅のホームと駅舎

現在も踏切に挟まれた形で存在する狛田駅だが、かつては構内踏切を挟む変則的な形でホームが存在していた。右手に駅舎が見える。

撮影：今井啓輔

昭和44年

▲狛田駅のホーム

狛田駅のホーム横を通過する2両編成の回送列車。この駅の上り・下り両方向は、京都線の中でも長い直線区間が続く。

撮影：今井啓輔

古地図探訪

近鉄宮津、狛田付近

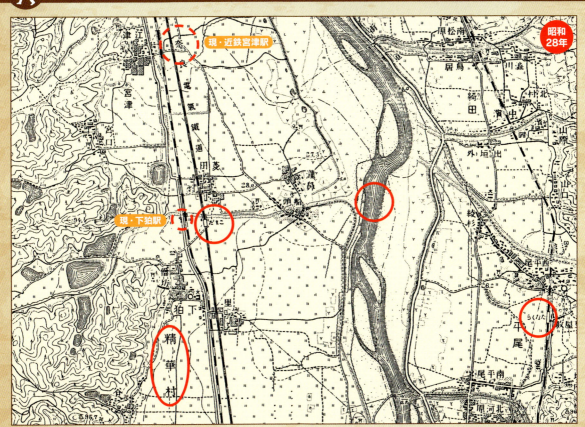

木津川を挟んで、地図の西側は精華村（現・精華町）で、京都線の狛田駅が見え、東側は山城町（現・木津川市）で、国鉄奈良線の棚倉駅が見える。この棚倉駅は明治29（1896）年、奈良鉄道時代の開業である。

一方、国鉄片町線の下狛駅は昭和27（1952）年開業のため、この地図には見えない。同様に北側の近鉄宮津駅も平成5（1993）年開業のため、記載されていない。現在、狛田、下狛両駅の南西には、京都廣学館高校が存在するが、この高校は昭和32年、南京都学園として創立され、平成25年に現校名に改称している。

Shin-Hosono St. / Kizugawadai St.

新祝園、木津川台

関西文化学術研究都市の中心駅・新祝園
平成6年開業、木津川市に木津川台駅

【新祝園駅】

開業年	昭和3(1928)年11月3日
所在地	京都府相楽郡精華町大字祝園小字長塚13-1
キロ程	26.7km（京都起点）
駅構造	地上駅（橋上駅）
ホーム	2面4線
乗降人数	客　　12,936人

【木津川台駅】

開業年	平成6(1994)年9月21日
所在地	京都府木津川市吐師高樋10-2
キロ程	28.2km（京都起点）
駅構造	地上駅（橋上駅）
ホーム	2面2線
乗降人数	2,182人

昭和53年

撮影：今井啓輔

▲新祝園駅
自動券売機わずか1台の小さな木造の地上駅舎だった頃の新祝園駅。ホームへはスロープを上る構造になっていた。

現在

▲新祝園駅ホーム
平成12年から急行も停車するようになった。当駅まで近鉄けいはんな線を延伸する構想もあるが、高の原に延伸する計画もあり、リニア新幹線との兼ね合いも含め現状では、はっきりしていない。

現在

◀新祝園駅
新祝園駅の橋上駅舎は、ゆるやかな曲線を描いた外観となっている。平成6年に誕生した比較的新しい橋上駅舎である。

▶JR線との連絡通路
JR片町線（学研都市線）との乗り換えが最も便利なのが当駅である。学研都市線は終点京橋からさらにJR東西線〜JR神戸線・JR宝塚線に直通している。

現在

　このあたりの京都線は、JR片町線（学研都市線）、国道24号とほぼ並行する形で南に進んでゆく。次の新祝園駅は、西側のJR祝園駅と並んで存在、関西文化学術研究都市の中心的な駅となっている。

　新祝園駅の開業は、昭和3(1928)年11月の奈良電気鉄道時代である。現在の駅構造は、島式ホーム2面4線の地上駅で、平成8(1996)年に完成した橋上駅舎をもつ。以前は2面2線の構造だった。一方、JR線の祝園駅は明治31(1898)年6月、関西鉄道時代に開業し、明治40年に国鉄の駅となっている。

　次の木津川台駅は、平成6(1994)年9月、木津川市に開業した新しい駅である。この木津川市は、平成19年3月、山城町、木津町、加茂町が合併して成立した京都府最南端の市で、合併以前は木津町にあった。木津川市内には、片町線の西木津駅、木津駅（関西線・奈良線）が置かれているが、木津川台駅とは距離が離れており、この木津川台駅と接続するJR駅は見当たらない。

　木津川台駅は、相対式ホーム2面2線の地上駅で、橋上駅舎を有している。普通のみが停車する新設駅であり、駅周辺の開発はまだ途中段階である。

▲木津川台駅

この地域のランドマーク的存在となっている平成6年誕生の木津川台駅。大きな橋上駅舎とは対照的に、駅前には小さな郵便ポストだけが存在している。

▲木津川台駅ホーム

近鉄木津川台住宅地の開発に合わせて開設されたのが当駅である。併行するJR線には駅は設けられていない。

提供：近畿日本鉄道

▲木津川台駅

近鉄宮津駅に続いて、平成6年に開業した木津川台駅。大きな橋上駅舎を有する、京都線で最も新しく誕生した駅である。

古地図探訪

新祝園、木津川台付近

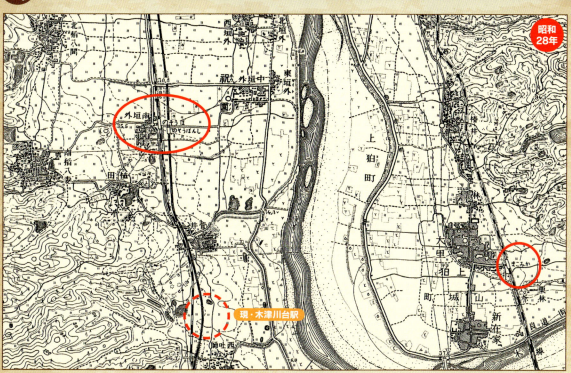

　木津川の西側には、昭和6（1931）年まで祝園村が存在し、5つの集落に分かれていた。そのひとつ、南垣外の集落の東側に京都線の新祝園駅、国鉄片町線の祝園駅が置かれている。この地域は昭和6年に川西村となり、精華村をへて、昭和30年に現在の精華町が誕生している。

　さらに進んだ南側の西吐師（はぜ）の集落付近には、平成6（1994）年に木津川台駅が開業している。このあたりは現在、木津川市となっているが、もとは吐師村で、相楽村、木津町をへて、平成19年に山城町、加茂町と合併して市制が施行された。また、木津川の東側には、奈良線の上狛駅がある。

Yamadagawa St.
山田川
やまだがわ

【山田川駅】	
開業年	昭和3(1928)年11月3日
所在地	京都府相楽郡精華町 大字山田小字下河原3－2
キロ程	29.2km（京都起点）
駅構造	地上駅
ホーム	2面2線
乗降人数	4,260人

山田川駅は精華町、木津川市との境目に
関西文化学術研究都市、国会図書館関西館あり

山田川駅のホーム（昭和41年）
山田川駅にやってきた3両編成の京都行き普通。ホームの屋根は延長されているものの、構内踏切を持つ構造は現在もそのままである。
撮影：今井啓輔

山田川駅のホーム（現在）
上下線を結ぶ構内踏切が残っている山田川駅のホーム。相対式2面のホーム長は短く、4両編成しか停車することはできない。

山田川駅（現在）
上り（2番線）ホームの南西側（高の原寄り）に設けられている山田川駅の駅舎。こぢんまりとした建物となっている。

山田川〜平城間（昭和39年）
山田川から南下するにあたり、京都府と奈良県の県境に横たわる丘陵地を走る。この当時現在の高の原駅周辺は雑木林や竹林が茂っていた。
撮影：今井啓輔

　京都線は、左に大きくカーブして木津方面に進むJR片町線と別れを告げて、さらに南に向かう。次の山田川駅は再び精華町に入るが、木津川市との境界線上にあり、ホームの半分は同市内にある。駅の開業は昭和3（1928）年11月、奈良電気鉄道の桃山御陵前〜西大寺（現・大和西大寺）間の開通時である。駅構造は相対式ホーム2面2線の地上駅である。

　この山田川駅は、京都盆地を走ってきた府内最後の駅であり、ここからは台（山）地部分を通り、奈良市に抜けることになる。駅の南側には、駅名の由来となった山田川が流れ、木津川に注いでいる。また、その南東には荒神塚池があり、丹波の王女・竹野姫の伝説が残されている。

　この駅および木津川台駅の西側には、関西文化学術研究都市の諸施設があり、このうち国立国会図書館関西館は平成14（2002）年に開館した。当初は「第二国立国会図書館」の名称で計画されていたもので、現在は、国会図書館に納本される2冊のうちの1冊が収蔵されている。なお、関西文化学術研究都市方面へ向かう路線バスは、近鉄の新祝園駅・JR祝園駅前、近鉄けいはんな線の学研奈良登美ヶ丘駅前から出ている。

昭和53年

🏠山田川付近

精華町・木津川市の付近では時折、灌漑用の溜池が見られた。それを横目に4両編成の特急が駆け抜ける。

撮影：高橋弘

古地図探訪

山田川付近

　この地図の西側には京都線に山田川駅、東側には国鉄片町線・奈良線・関西線が集まる木津駅がある。両駅の中間付近には、現在、木津泉川団地があり、昭和27(1952)年に片町線の西木津駅が誕生している。木津駅付近には、和泉式部墓、平重衡墓といった歴史上有名な人物の墓がある。平安時代の女流歌人として有名な和泉式部は、この地で生まれ、晩年を過ごしたと伝わる。また、平家一門の平重衡は、南都焼討の責任者として、木津川畔で斬首され、この地に供養塔が建てられた。
　一方、山田川駅の東側には、百川公墓が見える。この百川とは、奈良時代に貴族、藤原百川で、この地に墓が造られたという。

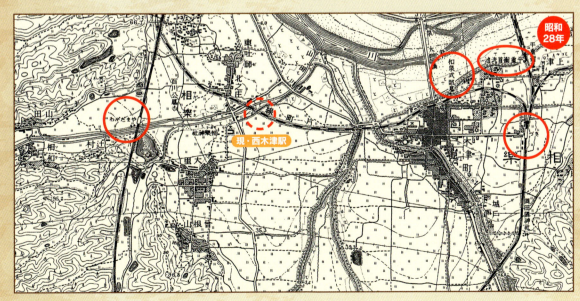

昭和28年

現・西木津駅

Takanohara St. / Heijo St.
高の原、平城

奈良・京都境目に昭和47年、高の原駅
平城駅周辺には、佐紀盾列古墳群が点在

【高の原駅】

開業年	昭和47(1972)年11月22日
所在地	奈良県奈良市朱雀三丁目12-3
キロ程	30.8km（京都起点）
駅構造	地上駅（橋上駅）
ホーム	2面4線
乗降人数	35,637人

【平城駅】

開業年	昭和3(1928)年11月3日
所在地	奈良県奈良市山陵町宮の前269-12
キロ程	33.5km（京都起点）
駅構造	地上駅（地下駅舎）
ホーム	2面2線
乗降人数	2,950人

▲高の原駅
跨線歩道橋に沿うような形で設けられている高の原駅の橋上駅舎。昭和48年に島式ホーム1面2線で開業し、昭和51年にホームが増設された。

▲高の原駅ホーム
イオンモール高の原店を背景に建つ高の原駅。ツツジの花が見える3・4番線（上り）ホームのベンチには、列車を待つ人の姿がある。

◀高の原駅
すり鉢状の地形の下に設置された高の原駅は、橋上駅舎の上から西側のイオンモール高の原方向、東側のならやま研究パーク方向に連絡橋が延びている。

▲高の原駅ホーム
賢島行きの特急がいま、高の原駅の1番線を通過してゆく。上には、イオンモール高の原とローズライフ高の原方面を結ぶ跨線橋が見える。

京都府と奈良県を結ぶ京都線は、府県境を越えて奈良市に入り、奈良県最初の高の原駅に到着する。高の原駅は平城ニュータウン建設に伴って、昭和47(1972)年11月に仮開業した。このときは、現在地より50メートル南側の場所の仮駅での開業で、昭和48年5月に本開業した。京都線では比較的歴史の新しい駅である。駅の構造は、島式ホーム2面4線の地上駅であり、橋上駅舎を有している。

「高の原」の駅名は、佐紀丘陵の古名である「高野原」から採られており、駅前には「秋さらば今も見るごと妻ごひに鹿鳴かむ山ぞ高野原の上」と詠まれた、長皇子の歌碑が設置されている。また、駅前に建つ「イオンモール高の原」は、奈良県と京都府にまたがる大型ショッピングセンターで、テナントにより警察、消防などの管轄が異なることでも知られる。

平城駅は昭和3(1928)年11月に開業した。相対式ホーム2線2面の地上駅である。北東側にはJR関西線の平城山駅が存在するが、両駅間には距離があるため乗り換えには適さない。

この駅は、奈良市山陵町にあり、その名の通り古墳（陵）が点在している。このうち、佐紀盾列古墳群の佐紀石塚山古墳は成務天皇治定陵で、五社神古墳は神功皇后治定陵となっている。また、駅の北西には、奈良競輪場があり、その西側の秋篠寺を訪れる観光客も多い。

昭和53年

昭和41年
撮影：今井啓輔

🔺**平城駅ホーム**
乗降客の多い高の原駅と大和西大寺駅に挟まれた平城駅。当時も今も周囲が静かな雰囲気であることに変わりはない。

撮影：高橋弘

🔺**平城駅を通過する特急**
近鉄では長距離輸送の名阪特急、伊勢・志摩・京都・奈良・飛鳥・吉野等の観光特急、大阪・京都・三重・名古屋の都市圏の通勤・ビジネス特急など多彩なニーズで特急網を形成している。

現在

▷**平城付近**
位置的に奈良盆地の北端部にかかるところが平城。東側の佐保台にＪＲ関西線の「平城山」駅があるが読みは「ならやま」である。

◁**伊勢志摩ライナー**
平城付近の23000系伊勢志摩ライナー。平成6年志摩スペイン村の開園に合わせ運行を開始した。観光輸送に特化した車両である。

昭和42年
撮影：今井啓輔

古地図探訪
高の原、平城付近

　平野（京都盆地）部分を走ってきた京都線は、この付近にきて、山間を走ることになる。この時期には、地図の北側に高の原駅は存在せず、平城ニュータウンも開発されていなかった。一方、南側の奈良盆地には、神功皇后陵、成務天皇陵などの陵（古墳）が並び、平城駅が置かれている。
　駅の西側の秋篠地区には、秋篠寺が存在する。両駅の中間付近、京都線の西側には現在、奈良大学や東大寺学園のキャンパスがある。進学校として有名な東大寺学園中学校・高校は、もともと東大寺境内に存在したが、昭和61（1986）年、この地に移転してきた。

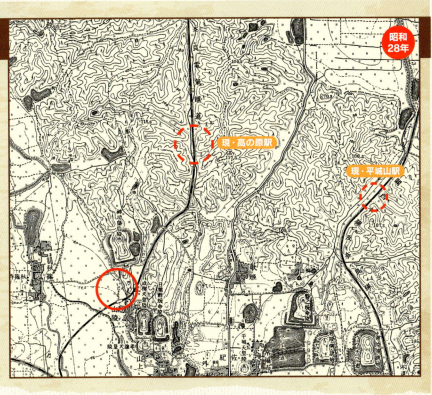
昭和28年

Yamato-Saidaiji St.
大和西大寺
京都線と奈良・橿原線が接続する主要駅
駅名は南都七大寺のひとつ、西大寺由来

【大和西大寺駅】

開業年	大正3（1914）年4月30日
所在地	奈良県奈良市西大寺国見町一丁目1-1
キロ程	34.6km（京都起点）
駅構造	3面5線
ホーム	地上駅（橋上駅）
乗降人数	46,345人

昭和44年

撮影：今井啓輔

大和西大寺駅のホーム
大和西大寺駅のホームに仲良く停車している京都線と橿原線の列車。左は京都行きの急行、右（5番線）は天理行きの普通である。

昭和54年

撮影：高橋弘

特急券自動発売機
近鉄の特急停車駅には、ホーム上に特急券自動発売機が設置されている。これは大和西大寺駅ホームにある京都線用の発売機。

現在

大和西大寺駅
駅ナカの「ショッピングモール」は充実しており、利用客が絶えない。発着本数が多い当駅では阪神電車と京都市営地下鉄が顔を合わすこともある。

昭和40年

撮影：今井啓輔

大和西大寺駅
かつての大和西大寺駅では、現在の連絡橋コンコースをもつ駅舎からは信じられないような小さな木造駅舎が使われていた。

　京都線の終点駅である大和西大寺駅は、大阪難波と近鉄奈良方面への奈良線、大和八木方面への橿原線と接続しており、京都線の列車の中には、そのまま奈良および八木西口方面に向かうものもある。この大和西大寺（当時・西大寺）駅の歴史は、奈良線（奈良電気鉄道）開業前の大正3（1914）年4月にさかのぼる。

　当初は大阪電気軌道（大軌）の小さな中間駅だったが、大正9年10月に西大寺車庫が設置され、大正10年4月、畝傍線開業により150メートル西側に移転した。昭和3（1928）年に奈良電の桃山御陵前〜西大寺間が開業、昭和7年12月、大軌西大寺駅と改称した。昭和16年3月に現駅名である大和西大寺駅に改称している。

　現在の大和西大寺駅の構造は、島式3面5線の地上駅で、橋上駅舎を有している。これは昭和40年に完成した駅改良工事により、駅舎が開業時の場所に戻り、構内配線が変更されたことによる。乗り場は6番まであり、4・5番乗り場は共用。京都線は3〜5番を使用している。改札口は南北の2か所である。

　「西大寺」の地名、駅名は南都七大寺のひとつ、奈良時代に孝謙上皇の発願で建立された真言律宗総本山の寺院、西大寺に由来する。当時は東大寺に比肩する壮大な伽藍を誇ったが、その後に衰退し、鎌倉時代に叡尊により復興された。寺宝である、国宝の絹本著色十二天像などでも有名である。

46

▶西大寺車庫
大和西大寺駅は京都線、奈良線、橿原線が接続するジャンクションで、その運行を支えているのが西大寺車庫である。田原本線や天理線、生駒線も現在担当している。

昭和44年

撮影:今井啓輔

昭和54年

◀大和西大寺駅ホーム
京都〜奈良間を結ぶ普通列車を見送る大和西大寺駅のホーム。駅周辺には、小さなビルが並んで建っている。

撮影:高橋弘

🚶 古地図探訪
大和西大寺付近

　大和西大寺駅の南西には、駅名の由来となった大寺院、西大寺の伽藍があり、その南北に集落が存在していた。西大寺の境内には現在、西大寺聚宝館が設けられ、寺宝が公開されている。

　一方、東側には「内裏宮蹟」の文字が見えるが、平城宮跡は現在のように整備されていなかった。この当時、駅周辺はほとんどが農地であり、その後に住宅地に変わっている。内裏宮蹟付近には現在、平城宮跡資料館が建設され、第一次大極殿、朱雀門などが復元されている。また、駅の北東には、近鉄百貨店奈良店、ショッピングセンター・ならファミリーが生まれている。

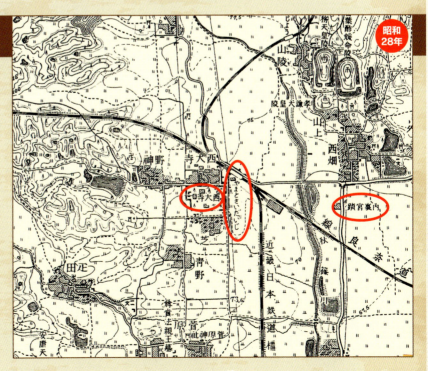

昭和28年

京都市下京区 / 京都市南区 / 京都市伏見区 / 宇治市 / 城陽市 / 京田辺市 / 精華町 / 木津川市 / 奈良市

ありし日の新大宮(油阪)と近鉄奈良

昭和33年

撮影:J.WALLY HIGGINS

▶奈良付近
「近畿日本奈良」という駅名の時代であり、油阪から終点まで併用軌道であった。走る電車は急行だが、路面のため速度制限を受けゆっくりと走っていた。

平成2年

撮影:荻原二郎

▶新大宮駅
新大宮駅の開業後の昭和52年、奈良市役所が駅西側の三笠中学校跡地に移転。この駅周辺では開発が進められていった。

昭和37年

撮影:藤山侃司

▶新大宮駅
昭和44年の開業から2年あまりをへた新大宮駅。上下線それぞれに改札口が設けられ、奈良県内でも利用者の多い駅となっている。

◀併用軌道を走る
鉄道事業法としては特例であり、併用軌道自体が大きなひとつの踏切であるという解釈であった。

昭和47年

撮影:荻原二郎

　布施駅から延びてきた奈良線は、大和西大寺駅で京都線と橿原線に連絡し、その先には新大宮駅と近鉄奈良駅の2駅が置かれている。

　新大宮駅は、国道369号上の併用軌道の区間が地下化された昭和44(1969)年12月に開業している。それ以前、併用軌道だった時期には、この駅の約700メートル東側に油阪駅が存在した。この駅は大正3(1914)年7月、奈良駅前駅として開業し、大正11(1922)年に油阪駅に駅名を改称し昭和44年12月に廃止された。また、油阪～西大寺間には昭和22年から昭和26年まで、進駐軍キャンプ利用者のために臨時駅のキャンプ・カー駅が設けられていた。現・新大宮駅は相対式ホーム2面2線の地上駅で、特急以外の全列車が停車する。

　近鉄奈良駅は大正3年4月、大阪電気軌道の(大阪)上本町～奈良間の開業時に仮駅の形で開業した。同年7月、本駅に移転し、昭和3(1928)年8月、大軌奈良駅と改称している。昭和16年3月に関急奈良駅、昭和19年6月に近畿日本奈良駅、昭和45年3月に現在の近鉄奈良駅に改称した歴史をもつ。古都、奈良の玄関口の役割を担っている。

　駅の構造は櫛形ホーム4面4線の地下駅で、ホームは国道369号の地下に位置し、国道の南側に駅ビルがある。この駅の南西には、JR奈良線の奈良駅が置かれている。また、駅の東側には奈良県庁がある。

撮影：今井啓輔

◎油阪駅
油阪駅のホームは築堤上にあり、地上に置かれた駅舎は簡素な造りだった。歴史を感じさせる木製の改札口がのぞいている。

撮影：荻原二郎

◎油阪付近
当時の高性能車800系の走行シーン。油阪駅があった付近の三条往路には「油阪船橋商店街」バス停留所がある。

撮影：今井啓輔

◎油阪駅の駅名表示板
大和西大寺〜奈良間に置かれていた油阪駅の駅名表示板。地名・駅名の由来は興福寺の油坂座衆、符坂油座で、油商人が住んでいたからである。

撮影：J.WALLY HIGGINS

◎路面軌道を走る1102号ほか
奈良線の前身は大阪電気軌道で社名が示す通り、法規上でも線路構造でも路面上を走る軌道であった。現在の交通状況から、今では想像もつかない光景である。

◎地下化直前の近鉄の奈良駅付近
現在の近鉄奈良駅とほぼ同じ場所に地上時代の駅舎があった。地下化されたのは昭和44年で翌年駅ビルが完成した。

撮影：今井啓輔

昭和32年

油阪駅ホーム

相対式のホーム構造であった油阪駅。近鉄奈良線は生駒山系をトンネルで貫き阪奈間を最短で結び、沿線開発や阪神電鉄との乗り入れ効果などで近鉄のドル箱路線として躍進し、現在に至っている。

撮影：荻原二郎

昭和31年

約60年前のカラー写真

想像するに現在の「やすらぎの道」、高天町付近であろうか。京都に向けて発車したシーンで、どうやら一般の乗用車の数も少なかったと察せられる。

撮影：荻原二郎

昭和42年

特急車も軌道を走る

一般列車ならまだしも、特急車が路面軌道を走る光景は珍しい。かつて同じ大手私鉄の名古屋鉄道犬山線の犬山遊園～新鵜沼間がロマンスカーやディーゼル特急が走る併用軌道区間であった。

撮影：高橋 弘

古地図探訪

奈良付近

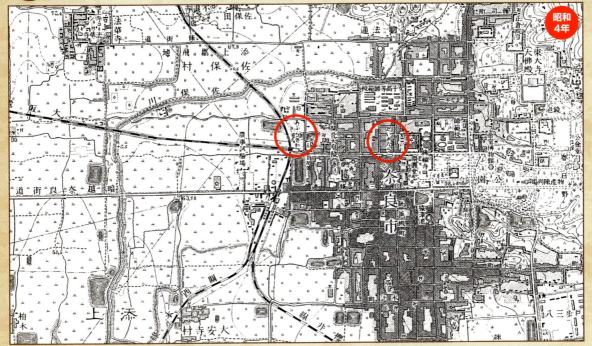

昭和4年

古い歴史をもつ奈良の市街を避けるように国鉄の関西線と桜井線が走り、大阪方面から延びてきた大阪電気軌道線(現・近鉄大阪線)も、油阪駅から東側は、軌道線として大軌(現・近鉄)奈良駅に至っていた。この駅の東側はすぐに奈良公園で、興福寺、猿沢池、帝室博物館(現・奈良国立博物館)、奈良ホテルなどが点在、さらに春日野と呼ばれる地域に東大寺の大仏殿、正倉院などがあった。

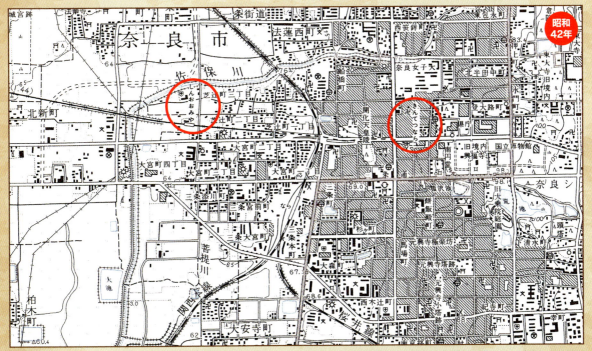

昭和42年

上の地図に比べると近鉄大阪線には新大宮駅が開設され、その東側から地下線となって近鉄奈良駅に進む形に変わっている。市街地は西側に広がっており、大宮町付近には工場も誕生している。油阪駅の西側にあった農事試験所は移転している。地図の中央下にあった大安寺村は大安寺町になっている。近鉄奈良駅の北側、(奈良)女子高等師範学校は、奈良女子大学に変わっている。

奈良ドリームランド

　奈良市北部の丘陵地には、大阪や京都、兵庫を中心とした近畿地方の家族連れに人気があった遊園地が存在した。それが昭和36（1961）年7月に開園した、奈良ドリームランドである。この遊園地は、ディズニーランドをお手本にした内容で知られ、未来の国、冒険の国、幻想の国などのエリアに、城やお化け屋敷、ジャングル巡航船などのアトラクションがあった。園内には、モノレール（スペースライナー）線が敷かれ、馬車鉄道や外周列車も運行されていた。

　近鉄の奈良駅や高の原駅からは、この遊園地に行くための路線バスの便があった。しかし、東京ディズニーランドやUSJの開園で入場者数が減り、経営が悪化したため、2006（平成18）年8月に閉園となった。

本家ディズニーランドの「眠れる美女の城」を模した、瀟洒なお城のアトラクションが子どもたちの人気を集めていた。

のどかな雰囲気の遊園地の中を、こんな馬車鉄道で巡ることも、家族連れやカップルの楽しみだった。

東芝製の跨座式モノレールを導入した「スペースライナー」が園内を巡る来園者を運んでいた。

外周列車は、小さなSL姿のディーゼル機関車が、子どもたちを乗せた客車を牽引するスタイルだった。

第2部
橿原線・天理線・田原本線

大和西大寺駅から南に延びる橿原線は、大正10（1921）年、大阪電気軌道の畝傍線として郡山（現・近鉄郡山）駅まで開業。その後、現在の橿原神宮前駅まで延伸した。また、平端〜天理間の天理線は大正4年、天理軽便鉄道が開通させたものである。田原本線は大正7年、大和鉄道が新王寺〜田原本（現・西田原本）間を開業させた。いずれも現在は、奈良県内を走る近鉄線となっている。

西ノ京付近、万葉の音を偲びつつ、近鉄名物の二階建てビスタカーが俊足で飛ばす。

Amagatsuji St. / Nishinokyo St.

尼ヶ辻、西ノ京

大阪電気軌道時代に尼ヶ辻、西ノ京駅
尼ヶ辻に唐招提寺、西ノ京に薬師寺あり

【尼ヶ辻駅】
開業年	大正10(1921)年4月1日
所在地	奈良県奈良市尼ヶ辻中町11-1
キロ程	1.6km（大和西大寺起点）
駅構造	地上駅（地下駅舎）
ホーム	2面2線
乗降人数	5,501人

【西ノ京駅】
開業年	大正10(1921)年4月1日
所在地	奈良県奈良市西ノ京町408
キロ程	2.8km（大和西大寺起点）
駅構造	地上駅（地下駅舎）
ホーム	2面2線
乗降人数	7,494人

提供：近畿日本鉄道

尼ヶ辻駅（昭和59年）
地下駅舎になる前の尼ヶ辻駅の地上駅舎で、構内踏切でホーム間が結ばれていた。駅前はタクシー乗り場になっていた。

尼ヶ辻駅ホーム
尼ヶ辻駅に停車する200形3連。当時は田畑の中に尼ヶ辻駅があったが、現在は西大寺車庫が尼ヶ辻駅付近側に移動しているために情景が変わっている。

尼ヶ辻駅（現在）
地上駅である尼ヶ辻駅だが、平成12年に改札口、コンコースは地下化されている。地上出入り口は両ホームとも、大和西大寺（北）側に設置されている。

撮影：荻原二郎

600V時代（昭和36年）
大阪電気軌道の開業時から活躍しているモ200形。橿原線の1500Vへの昇圧工事が完了したのは昭和44年であった。

撮影：高橋弘（昭和34年）

　大和西大寺駅を出た橿原線は、ほぼ真っ直ぐに南に進む。このあたりの沿線には、奈良観光の人気スポットである古寺が存在している。

　次の尼ヶ辻駅は、国宝の金堂や講堂、乾漆鑑真和上坐像などで有名な唐招提寺の最寄り駅で、大阪電気軌道時代の大正10（1921）年4月に開業した。駅名の「尼ヶ辻」は、かつて尼寺の興福院が存在し、平城京の大路が交差する辻があったことに由来し、現在も「天辻町」「天辻中町」などの地名が存在する。

　駅の構造は、相対式ホーム2面2線の地上駅で、平成12（2000）年12月から地下駅舎となり、改札口とコンコースは地下に設けられている。駅南西の徒歩で約5分の場所には、佐紀盾列古墳群のひとつ、前方後円墳の宝来山古墳が存在し、垂仁天皇陵（菅原伏見東陵）に治定されている。

　次の西ノ京駅も同じく大正10年4月の開業で、美しい伽藍、五重塔などで知られる法相宗の大本山、薬師寺の最寄り駅である。この薬師寺では、コンサートなどのイベントも開催され、その際には西ノ京駅にも特急、急行が臨時停車してきた。

　駅の構造は、相対式ホーム2面2線の地上駅で、平成8年2月に尼ヶ辻駅に先駆けて地下駅舎となっている。

昭和初期

所蔵：生田 誠

昭和42年

撮影：今井啓輔

△西ノ京～九条間

世界遺産に登録された薬師寺付近。並木の奥に薬師寺の三重の塔を望む。奈良西郊の代表的な景観として知られている。

奈良電気鉄道（奈良電）と大阪電気軌道（大軌）が交差していた西大寺（現・大和西大寺）駅で、現在の橿原線の駅である尼ヶ辻・西ノ京の2駅が見える。現在の奈良線上には油阪（坂）駅が存在していた（昭和44年廃止）。

現在

▷薬師寺

東塔と西塔が並び建つ薬師寺の伽藍。奈良時代の建立とされる東塔は、国宝に指定されている。西塔は昭和56年の再建である。

昭和36年

撮影：荻原二郎

△西ノ京駅

半世紀以上前の西ノ京駅の駅舎には、「西の京駅」の駅名看板が掲げられていた。出札口で切符を求める人の姿が見える。

古地図探訪

尼ヶ辻、西ノ京付近

現在の地図と比べ合わせると、西側に第二阪奈有料道路が整備され、東側に国道24号が通っていることがわかる。古来より大阪と結ばれていた暗越奈良街道は、国道308号になっている。ため池や御陵が点在する中で、橿原線の沿線には、唐招提寺、薬師寺という世界文化遺産・古都奈良の文化財に登録されている大寺院が存在する。前者は尼ヶ辻、西ノ京の両駅、後者は西ノ京駅が最寄り駅となっている。

尼ヶ辻駅の東側、興福院の文字の横に見える「文」の地図記号は、このときは都跡村立都跡小学校で、合併により現在は奈良市立都跡小学校になっている。

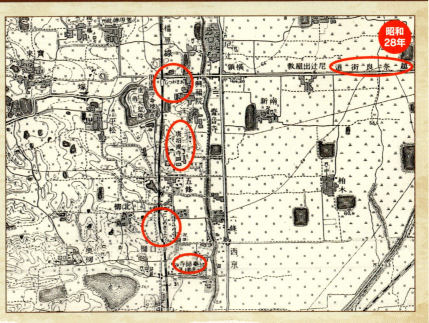

昭和28年

Kujo St.
九条（くじょう）

大和郡山市に大正10年、
九条駅が誕生
平城京条里制、南端示す九条大路に由来

【九条駅】
開業年	大正10（1921）年4月1日
所在地	奈良県大和郡山市九条町出口375
キロ程	4.0km（大和西大寺起点）
駅構造	地上駅（地下駅舎）
ホーム	2面2線
乗降人数	4,907人

昭和57年

九条駅
オールドファンにはなつかしいテレビCMでもおなじみだった、パルナス製菓の洋菓子店と並んだ九条駅の駅舎。地上駅時代の姿である。

提供：近畿日本鉄道

現在

▶**九条駅東口**
九条駅の改札口、コンコースは地下にあり、地上出入り口は東西2ヶ所にある。この東側では、マンションなどの建設が進んでいる。

現在

▶**九条駅ホーム**
当駅は大和郡山市の北部に位置する。自然あふれる九条公園も徒歩圏内。

　奈良盆地を南に進んでゆく橿原線は、奈良市から次の大和郡山市に入り、九条駅に至る。この九条駅は大和郡山市九条町に置かれており、奈良市との境目に近い場所でもある。

　「九条」の駅名・地名は、平城京の条里制の九条大路（おおじ）に由来しており、この付近（駅東側）には、平城京の南端を示す羅城門（らじょうもん）が存在していた。現在、羅城門があった場所には佐保川（さほがわ）が流れ、東側の奈良市西九条町に羅城門公園が整備されている。京都線の十条駅とともに、橿原線に九条駅が存在するのは、2つの古都を結ぶ近鉄線ならではの現象である。また、奈良線から大阪線と難波線を経由して乗り入れている阪神なんば線や、近鉄けいはんな線と乗り入れている大阪市営地下鉄中央線には、同名の九条駅が存在している。また、京阪の京津線にはかつて、九条山駅があった。

　九条駅の開業は、大正10（1921）年4月、大阪電気軌道（大軌）の西大寺（現・大和西大寺）～郡山（現・近鉄郡山）間の開通時である。昭和16（1941）年3月、大軌と参宮急行電鉄の合併により、関西急行鉄道の駅となった。昭和19年6月、合併により近鉄の駅となっている。駅構造は、相対式ホーム2面2線の地上駅で、改札口、コンコースは地下に設けられている。地下駅舎は平成14（2002）年9月から使用されている。急行などは通過し、普通のみが停車する。

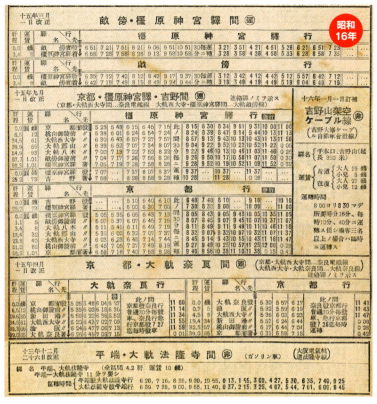

戦前の大軌の時刻表
戦前の奈良電気鉄道、大阪電気軌道畝傍線の時刻表で、直通運転が行われていたことがわかる。下には、法隆寺線の時刻表も掲載されている。

古地図探訪

九条付近

　地図上には、九条駅の北に「七條」、北東に「八條」の地名が見え、このあたりは条里制で建設された平城京の南側に位置していたことがわかる。現在、九条駅の東側には九条公園が整備されており、その東側で佐保川と秋篠川が合流している。
　九条駅や近鉄郡山駅が存在する大和郡山市は、金魚の生産地として世界的にも有名で、橿原線の沿線にも養魚池が数多くある。国鉄奈良駅を出た関西線は南西に進んで、地図の東側を走っているが、この付近には駅が置かれておらず、奈良駅の隣駅は郡山駅となっている。

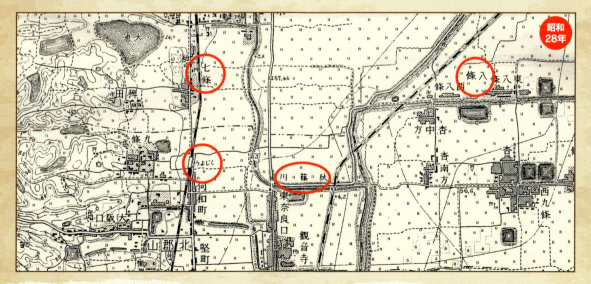

Kintetsu-Koriyama St.

近鉄郡山
きんてつこおりやま

近隣にJR郡山駅、大和郡山市の玄関口
豊臣秀長の城下町、金魚の産地でも有名

【近鉄郡山駅】

開業年	大正10(1921)年4月1日
所在地	奈良県大和郡山市南郡山232
キロ程	5.5km（大和西大寺起点）
駅構造	地上駅
ホーム	2面2線
乗降人数	18,765人

昭和36年

撮影：荻原二郎

▲5枚窓が特徴の木造車
大正生まれの古武士的な車両であったが、今でいうメンテナンスが行き届いており、きれいな状態で運行されていたと文献に記されている。

▼近鉄郡山駅
下り線（橿原神宮方面）側に設置されている近鉄郡山駅。駅舎の形は現在とほぼ同じだが、この頃は屋根に瓦が使用されていた。

昭和36年

撮影：荻原二郎

◀近畿日本郡山駅
「近畿日本郡山駅」の看板を掲げた駅舎には、大人も子どもも集まっている。駅前広場には奈良交通のバスが満員の乗客を乗せて出発を待つ。

現在

◀近鉄郡山駅
奈良名物の柿の葉寿司の売店が見える、近鉄郡山駅の駅舎（1番線側）。反対側（2番線側）には無人で、自動改札口だけが設けられている。

昭和48年

撮影：今井啓輔

　現在の近鉄郡山駅は、4度の駅名改称を行っている。大正10(1921)年4月、大阪電気軌道による開業時は郡山駅で、当初は終着駅だった。その後、大正11年4月に畝傍（現・橿原）線が平端駅まで延長され、途中駅となった。

　最初の駅名改称は、昭和3(1928)年8月に大軌郡山駅に、昭和16年3月に会社合併により、関急郡山駅となった。昭和19年6月に近畿日本郡山駅となり、昭和45(1970)年3月から現駅名となっている。これは東側を走るJR関西線に郡山駅があるからでもある。

　駅のある大和郡山市は、明治22(1889)年に誕生した郡山町がその後、筒井町、矢田村などを編入し、昭和29年1月、市制施行で大和郡山市となった。また、古くは城下町であり、筒井順慶や豊臣秀吉の弟、大和大納言と呼ばれた秀長が城主だったことでも知られる。江戸時代には、柳沢氏が郡山藩主となり、そのまま幕末を迎えている。

　大和郡山といえば、金魚の産地として全国的に有名である。これは江戸時代に武士の副業として始まり、国内ばかりでなく輸出も行ってきた。そのため、橿原線の沿線にも金魚の養殖池を多数見ることができる。しかし、近年は後継者不足などで池が埋め立てられ、宅地化される場所も目立ってきた。

　近鉄郡山駅の構造は、相対式ホーム2面2線をもつ地上駅で、上下線それぞれに改札口があるほか、ホーム間を結ぶ構内踏切も設けられている。

近鉄郡山付近 〔昭和53年〕

大和郡山市は郡山城の城下町として栄えた。付近には筒井順慶が築いた郡山城跡があり、桜の名所としても名高い。

撮影：高橋弘

金魚養殖池 〔現在〕

四角い形に区分されている金魚養殖池。大和郡山市は金魚の産地として有名で、橿原線の車窓からもこんな風景を見ることができる。

近畿日本郡山駅ホーム 〔昭和31年〕

昭和30年代初頭の頃ではホームの屋根も一部しか設置されていなかった。この時代橿原線の架線電圧は600Vであった。この後1500Vに昇圧するまでに10年以上の期間を要した。

撮影：荻原二郎

古地図探訪
近鉄郡山付近

昭和29（1954）年に誕生した大和郡山市は、現在の人口は約8万6000人。古くからの市街地は、この近鉄郡山駅と国鉄郡山駅の中間に広がっていた。近鉄駅の北には、市役所が存在し、線路を越えた反対側には、柳澤神社、郡山城跡（公園）がある。

城跡の南側、「中学校」の文字が見えるのは、現在の奈良県立郡山高校で、明治9年に郡山師範予備校として開校し、奈良県尋常中学校をへて、県立郡山中学校となっていた。市街地に見える2つの「卍」の地図記号は内観寺、実相寺で、「鳥居」の地図記号は薬園八幡神社である。

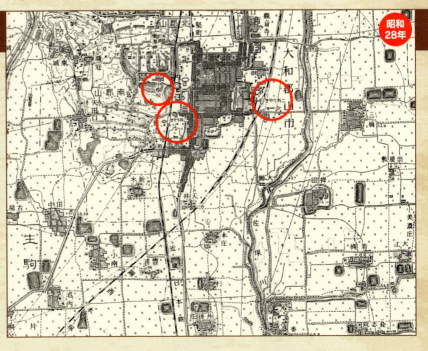

〔昭和28年〕

Tsutsui St. / Hirahata St.

筒井、平端

筒井順慶ゆかりの筒井城、筒井村が存在
平群郡の「端」示す平端は一時、終点駅

【筒井駅】

開業年	大正10（1921）年4月1日
所在地	奈良県大和郡山市筒井町八王寺640
キロ程	8.4km（大和西大寺起点）
駅構造	高架駅
ホーム	2面2線
乗降人数	7,192人

【平端駅】

開業年	大正11（1922）年4月1日
所在地	奈良県大和郡山市昭和町51
キロ程	9.9km（大和西大寺起点）
駅構造	地上駅
ホーム	4面6線
乗降人数	4,184人

昭和29年

▲平端付近走るモ200形3連
天理線との分岐駅である平端付近は、現在も田畑が多い区間で撮影に適した区間となっている。

撮影・高橋弘

現在

▶筒井駅
昭和52年に高架駅に変わる前、地上駅だった頃の筒井駅。この頃は瓦屋根を使った木造駅舎だった。

◀筒井駅
国道25号と交差する筒井駅は、橿原線で唯一の高架駅であり、ホームは2階、コンコースは中2階、改札口は1階にある。

昭和36年

撮影：荻原二郎

　近鉄郡山駅を出た橿原線は、その後も南に進み、やがてJR関西線（大和路線）と交差する。その後は、進行方向左手（東）を走る奈良県道108号と佐保川の流れ、右手の県道249号と並行しながら走ることとなる。

　次の筒井駅は、大正11（1922）年4月の畝傍（現・橿原）線延伸時に開業。昭和52（1977）年6月、国道25号との立体交差化の際に橿原線唯一の高架駅となり、相対式ホーム2面2線を有している。このあたりは郡山町（現・大和郡山市）に編入される前、筒井村が存在していた。中世には筒井城が存在し、城をめぐる攻防戦がたびたび繰り広げられてきたが、最後の城主だった筒井順慶が郡山城に移り、筒井城は廃城となっている。

　平端駅は、橿原線と天理線の分岐点となっている。大正11年の畝傍（現・橿原）線延伸で、この駅が一時は終点駅となり、天理線と接続された。大正12年3月には、畝傍線は橿原神宮前駅（初代）まで延伸している。また、一時は法隆寺線にも平端駅が置かれていた。

　「平端」の駅名、地名は「平群」郡の「端」を意味するとされる。明治22（1889）年4月から昭和10年2月まで、平群郡平端村が存在していたが、本多村と合併して当時の元号から採った昭和村となり、その後に大和郡山市の一部となっている。

昭和47年

平端駅

瓦屋根をもつ平屋造りだった頃の平端駅。その後、改築されて現在の駅舎となったが、横に長い構造自体は変わっていない。

撮影：今井啓輔

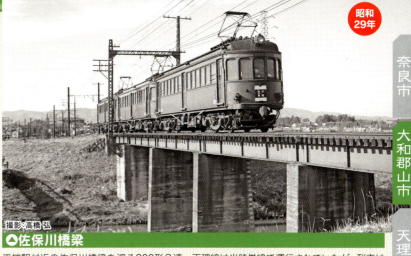

昭和29年

撮影：高橋 弘

佐保川橋梁

平端駅付近の佐保川橋梁を渡る200形3連。天理線は当時単線で運行されていたが、列車は現在と同じように西大寺からの直通電車が運行されていた。

現在

平端駅

橿原線と天理駅の分岐点である平端駅の駅舎は、橿原線の西側に置かれている。駅前のスペースは広く、駅舎と各ホームとは地下道で結ばれている。

昭和43年

改良工事前の平端駅

平端駅の旧ホームは現在の橿原線と天理線との分岐位置よりも大和西大寺寄りにあったが、輸送力強化のためホームの拡張を図る必要に迫られ、天理線のカーブしているホームも含め現在の場所に3面6線として大改良された。

撮影：今井啓輔

古地図探訪

筒井、平端付近

地図の左上（北西）には国鉄関西本線が通り、大和小泉駅が置かれている。この駅は大正9（1920）年、橿原線の筒井駅より2年早く開業している。大和小泉駅のすぐ東側には現在、奈良県道249号大和郡山環状線が走っている。

一方、筒井駅と平端駅の中間には、西名阪自動車道が開通している。橿原線を越えた東側には、郡山下ツ道ジャンクション、郡山インターチェンジがある。平端駅の北東には、郡山城主だった筒井順慶の墓がある。平端駅からは南東方向に天理線が分岐している。

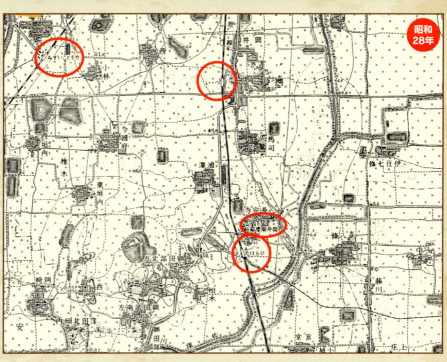

昭和28年

Nikaido St. / Senzai St.
二階堂、前栽

天理軽便鉄道時代に二階堂、前栽駅開業
二階堂はお堂の形、前栽は千代から変化

【二階堂駅】
開業年	大正4(1915)2月7日
所在地	奈良県天理市二階堂上ノ庄町147-2
キロ程	1.3km（平端起点）
駅構造	地上駅
ホーム	1面2線
乗降人数	3,581人

【前栽駅】
開業年	大正4(1915)年2月7日
所在地	奈良県天理市杉本町290-6
キロ程	3.2km（平端起点）
駅構造	地上駅
ホーム	1面2線
乗降人数	3,981人

昭和41年

二階堂駅ホーム
大阪～天理間で運行されていた天理教のマークをつけた急行列車。二階堂駅のホームに停車している。

撮影：今井啓輔

現在

▶**二階堂駅北側駅舎**
かつては有人だったが現在は無人の北側の駅舎。近隣に京奈和自動車道が通っている。

◀**二階堂駅南側駅舎**
昭和63年に天理線が複線化された二階堂駅には、南北に2つの駅舎が存在する。南側が本駅舎で、北側は無人で、ホーム間は構内踏切で結ばれている。

現在

　平端駅から分かれた天理線はほぼ真っ直ぐに東方向に進み、最初の駅は天理市にある二階堂駅となる。大正4(1915)年2月、天理軽便鉄道の新法隆寺～天理間の開通時に開業した駅であり、大正10年1月に大阪電気鉄道天理線の駅となった。当初は非電化の単線区間だったが、大正11年4月に改軌、電化されている。また、複線化されるのは、それから60年以上が経過した昭和63(1988)年のことである。駅の構造は、島式ホーム1面2線を有する地上駅である。

　この駅が誕生した頃には、二階堂村が存在していた。明治22(1889)年4月に成立した二階堂村は、昭和29年4月、丹波市町、朝和村などと合併し、天理市となっている。「二階堂」の地名は全国に存在するが、ここの地名は膳夫堂のお堂が二階造りに似ていることから名付けられたといわれる。

　次の前栽駅も同じ大正4年2月の開業である。駅の構造も島式ホーム1面2線で、同じ地上駅である。このあたりは、中世に東大寺の千代庄が存在していた場所で、「千代（せんだい）」から「千載」に変わり、さらに「前栽」に変化した。なお、「前栽」は家の前などの植え込みの庭を指す一般名詞でもある。このあたりも、昭和29年までは、二階堂村の一部だった。

昭和48年

◀前栽駅
40年以上前の前栽駅の姿だが、駅舎の構造そのものは現在とさほど変わらない。ホームにある屋根はいかにも昭和の小さな駅のもの。

現在

◀前栽駅
現在は島式1面2線のホームをもつ前栽駅の駅舎。天理寄りの南側に駅舎があり、ホームとの間には地下通路が設けられている。

提供：近畿日本鉄道

古地図探訪

二階堂、前栽付近

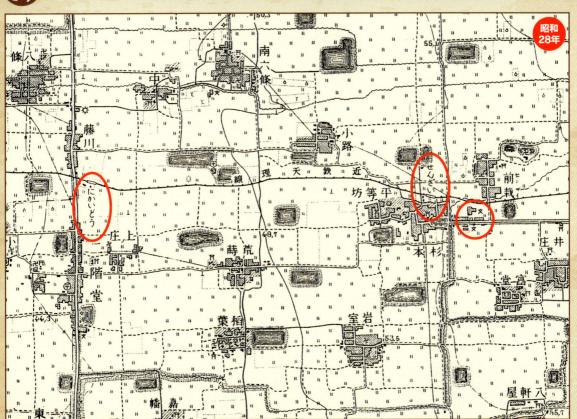

昭和28年

この地図からは、のどかな田園地帯を走る天理線の車窓風景がうかがえる。しかし、そうした風景は変化しており、沿線は住宅地や工場に変わっている。二階堂駅の東、天理線の南側には現在、奈良県立二階堂高校、天理市立西中学校が存在する。二階堂高校、西中学校ともに昭和52（1977）年に開校した比較的新しい学校である。

一方、前栽駅の南東には2つの「文」の地図記号が見える。この学校は二階堂村立前栽小学校で、昭和29年に天理市立前栽小学校となっている。その西側に見える「鳥居」の地図記号は、春日神社である。

Tenri St.
天理
天理線の終点駅、JR桜井線と連絡
天理教本部、天理大学が天理市内に存在

【天理駅】

開業年	大正4（1915）年2月7日
所在地	奈良県天理市川原城町815
キロ程	4.5km（平端起点）
駅構造	地上駅
ホーム	4面3線
乗降人数	6,833人

昭和40年

◎天理駅
新駅舎完成を祝うモニュメントが建っている天理駅の駅前。昭和40年9月に近鉄・国鉄の統合駅となる新しい駅舎が生まれた。

提供：天理市

昭和31年

◎天理付近
単線時代の天理線を走る大和西大寺行き普通列車。天理線の全線複線化が完了したのは昭和63（1988）年。

撮影：荻原二郎

昭和40年

◁新しい天理駅
国鉄桜井線の高架下に直角方向に交わる形で設置された近鉄の天理駅。旧近鉄の天理駅があった場所は、駅前広場の南東角の天理本通商店街の向かい側、現在交番が建っている辺りである。

提供：天理市

昭和40年

◎国鉄天理駅ホーム
昭和40年9月1日、新しい天理駅が完成し、ホームでは記念すべき列車の出発を祝う「祝賀出発式」で、花束の贈呈が行われた。

提供：天理市

　天理線の終着駅は、天理市の玄関口である天理駅で、JR桜井線（万葉まほろば線）と接続している。駅の歴史は古く、明治31（1898）年5月、奈良鉄道（現・桜井線）の丹波市駅が開業したのが始まりである。大正4（1915）年2月、天理軽便鉄道（現・天理線）の天理駅が開業した。国鉄の駅となった丹波市駅は昭和38（1963）年5月に天理市駅と改称。昭和39年10月に近鉄駅が移転、昭和40年9月に今度は国鉄駅が移転・高架化され、天理駅と再改称している。現在、天理駅は近鉄、JRの統合駅で、地元では天理総合駅とも呼ばれている。

　明治時代、このあたりには丹波市村、布留村などが合併してできた山辺村があり、明治26年9月に町制を施行し、丹波市町となっていた。昭和29（1954）年4月、二階堂村などと合併し、天理市が成立している。「天理」の駅名、地名は、もともとはこの一帯に広く布教されていた天理教から採用されたもので、日本で唯一、宗教団体の名称が地名となっている。天理市内には、天理教本部、天理大学、天理大学付属天理参考館などが存在する。この天理参考館は、日本有数の鉄道（交通）資料を有する博物館として知られている。

　近鉄の天理駅は、頭端式ホーム4面3線を有する地上駅で、JR線とは直角に西方から乗り入れる形である。一方、JR駅は島式ホーム2面4線を有する高架駅で、1・2番線は団体専用ホームとなっている。

石上神宮
国宝に指定されている石上神宮の拝殿。白河天皇の寄進といわれ、入母屋造、檜皮葺の鎌倉時代初期建立の様式。仏堂風の外観をもつ。

この地図上には、現在の橿原線の九条(條)、(近鉄)郡山、筒井、平端、結崎、石見駅、天理線の二階堂、前栽、天理駅の9駅が見える。また、国鉄関西本線もあり、法隆寺駅とともに大きく、法隆寺の伽藍が描かれている。

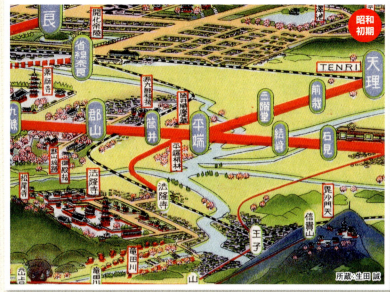

古地図探訪

天理付近

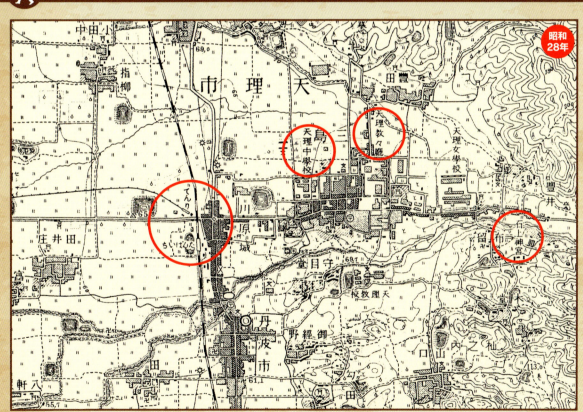

　東に延びてきた天理線には、終着駅の天理駅が置かれている。当時の国鉄桜井線には、丹波市(現・天理)駅があったが、近鉄線の駅とは離れていた。高架化に伴って駅が移転し、駅名を改称したのは昭和40(1965)年のことである。
　駅東の市街地には、天理教教庁や天理中学校など天理教関係の施設がある。その東側・布留には、石上神宮が鎮座している。ここは、布都御魂大神を祀っており、『古事記』『日本書紀』に記載のある、非常に歴史の古い神社として知られている。美しい拝殿は国宝で、同じく国宝の七支刀も有名である。

天理軽便鉄道 (『天理市史』より抜粋)

　丹波市から大阪方面への鉄道利用者は奈良または桜井・高田のいずれかへ迂回しなければならないため、関西本線法隆寺駅前の新法隆寺駅より盆地を横切り、天理とを結ぶ天理軽便鉄道の計画ができ、明治45年免許、大正4年開通し、大阪方面よりの天理教信者及び一般の人もこれを利用するようになった。

　大阪電気軌道（電車）大正3年大阪・奈良間が開通した大阪電気軌道（現近畿日本鉄道）は大正12年橿原線が西大寺から盆地を縦断して橿原に至る路線が完成したので、平端で天理軽便と交差するのを改修し、平端・天理間は電化することになり、現在の近鉄天理線となり大阪・京都と結ばれ非常に便利となった。（なお、平端・新法隆寺間はレールカーを運転していたが戦争中廃止となった）かくて宗教都市の玄関として丹波市駅の遠距離客に対し天理駅は広い範囲からの旅客の新門戸となった。なお天理～平端間の両駅は、それぞれの地区の出入口となり、また本市東方の高原地区は全く鉄道の恵まれないが、バス等で盆地に下って来て鉄道を利用する状態が続いている。

天理軽便鉄道では、独・コッペル社製の蒸気機関車を3両保有していた。

昭和5年

撮影：高田隆雄

天理電気軌道・天理機関鉄道沿線

　この当時、天理軽便鉄道に起源をもつ路線は、大阪電気軌道（大軌）に買収されたことにより、畝傍（現・橿原）線と接続する平端駅を境にして、天理電気軌道（大軌天理線）と天理機関鉄道（大軌法隆寺線）と呼ばれていた。天理線には二階堂駅と前栽駅があり、天理駅に至っていた。

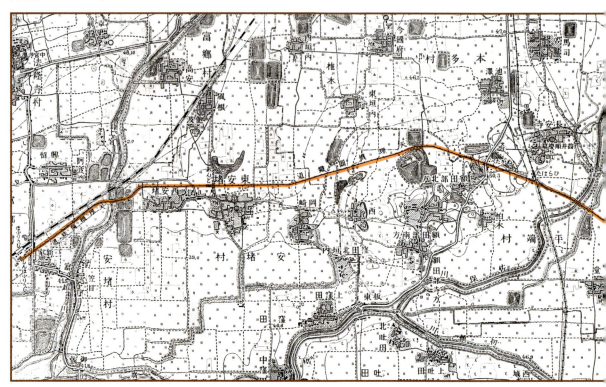

昭和5年頃

新法隆寺駅に停車中の「レールカー」。平端～新法隆寺間を1日25往復運転された。

現在

平端駅西側を望む

法隆寺線の平端駅は現在の橿原線ホームの近くにある変電所付近に設けられていたと思われる。写真の位置は、現在の平端駅から次駅の額田部方向を見た様子。

平端駅前の安堵町の案内板

駅前のロータリーに設置されており、天理軽便鉄道跡が記されている。大和安堵駅が廃止された後、町内に鉄道駅は存在していない。

現在

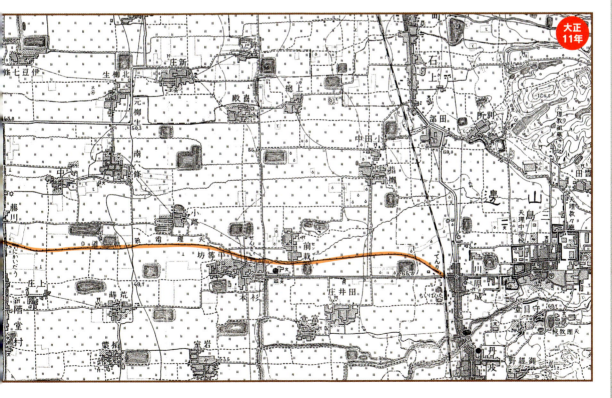

大正11年

Family-koemmae St. / Yuzaki St. / Iwami St.

ファミリー公園前、結崎、石見

夏季の臨時駅だったファミリー公園前
川西町に結崎駅、三宅町に石見駅が存在

【ファミリー公園前駅】
開業年	昭和54（1979）年7月1日
所在地	奈良県大和郡山市宮堂字毘沙門339-2
キロ程	10.9km（大和西大寺起点）
駅構造	地上駅
ホーム	2面2線
乗降人数	348人

【結崎駅】
開業年	大正12（1923）年3月21日
所在地	奈良県磯城郡川西町結崎出屋敷584
キロ程	12.4km（大和西大寺起点）
駅構造	地上駅
ホーム	2面2線
乗降人数	4,227人

【石見駅】
開業年	大正12（1923）年3月21日
所在地	奈良県磯城郡三宅町石見485
キロ程	13.8km（大和西大寺起点）
駅構造	地上駅
ホーム	2面2線
乗降人数	2,622人

昭和54年
提供：近畿日本鉄道

◎ファミリー公園前駅
プール帰りの子供たちの姿があるファミリー公園前駅の駅前道路。開業して間もない臨時駅時代の風景である。

現在

◎ファミリー公園前駅
夏季の臨時駅だった名残のあるファミリー公園前駅。ホームは盛土構造の築堤上にあり、手前の駅舎は上り線側に設けられている。

　大和郡山市内を進む橿原線は、次のファミリー公園前駅に至る。昭和50年代に、ファミリープール（浄化センター公園）の最寄り駅として生まれた臨時駅が常設駅に昇格したものである。開業は昭和54（1979）年7月で、数年間は夏季のプール営業期間だけの営業だったが、昭和60年11月、常設駅となる。このときはまだ昼間だけの駅だったが、平成元（1989）年に最終電車まで、平成5年9月に終日営業になった。現在は、施設の名称が変わり、まほろば健康パーク・スイムピア奈良となっている。駅構造は、相対式ホーム2面2線の地上駅で、ホームは築堤上に設けられている。

　磯城郡川西町に存在する結崎駅は、大正12（1923）年3月、大阪電気軌道畝傍（現・橿原）線の平端〜橿原神宮前（初代）間の開通時に誕生した。現在の駅舎は平成10年12月に竣工、駅の構造は相対式ホーム2面2線をもつ地上駅である。川西町は、昭和50年に川西村が町制を施行した成立したもので、江戸から明治にかけては結崎村があり、そこから駅名が採られている。この結崎には、大和猿楽四座のひとつで、観世座の前身である結崎座が存在していた。また、奈良の伝統野菜「大和野菜」のひとつ、「結崎ネブカ（ネギの一種）」の産地でもある。

　次の石見駅は、磯城郡三宅町に置かれている。駅の開業は、結崎駅と同じ大正12年3月。相対式ホーム2線2面の地上駅で、平成25年12月から無人駅となっている。

▶石見駅
現在の駅とは90度違う角度に向けて開かれていた石見駅の出札口と改札口。右側に見える電話ボックスは現在、存在しない。

昭和55年
提供：近畿日本鉄道

平成3年
提供：近畿日本鉄道

⌂結崎駅
約25年前の駅舎。この撮影時から7年後に現在の駅舎に生まれ変わった。（下の写真）

現在

⌂結崎駅
駅舎は大和西大寺方面行き側大和八木寄りにあり、反対側のホームへは構内踏切で連絡している。

現在

⌂石見駅
小さな石見駅の駅舎は、下り（1番線）側に置かれており、上り（2番線）とは構内踏切で結ばれている。

昭和43年
撮影：今井啓輔

⌂平端駅を出発し結崎方面に向かう
橿原線は天理線と分岐し、この後佐保川を渡る。さらにその先の大和川に挟まれた場所にファミリー公園前駅が開業した。

古地図探訪　ファミリー公園前、結崎、石見付近

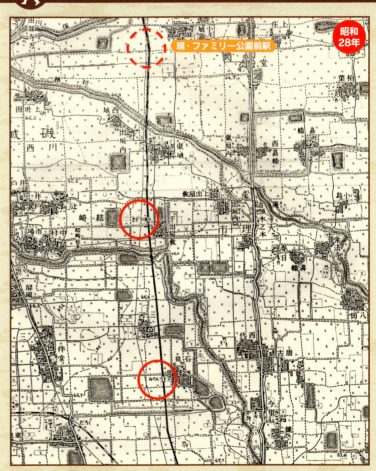

現・ファミリー公園前駅
昭和28年

　地図の北側には、初瀬川（大和川）が流れている。さらに北側に一部が見える佐保川との間には田園地帯が続いているが、昭和54（1979）年に当時、臨時駅だったファミリー公園前駅が誕生している。その後、駅の北側には、県道109号が開通している。
　南に進む橿原線には次の結崎駅が置かれ、駅の南側を寺川が流れ、北西方向で大和川に注ぐ。駅の西側には結崎の集落、東側には下出屋敷の集落がある。
　次の石見駅の東側に見える「鳥居」と「卍」の地図記号は、鏡作神社と稱名寺である。さらに東側、寺川を越えた先には、弥生時代の唐古・鍵遺跡がある。

Tawaramoto St.

田原本
たわらもと

大正12年、大阪電気軌道の田原本駅誕生
隣接する西田原本駅で、田原本線と連絡

【田原本駅】	
開業年	大正12(1923)年3月21日
所在地	奈良県磯城郡田原本町戎通3丁目171
キロ程	15.9km（大和西大寺起点）
駅構造	地上駅
ホーム	2面2線
乗降人数	13,130人

昭和42年

撮影：荻原二郎

◀田原本駅東口
自動券売機や自動改札機が設置される前の田原本駅の東口。駅舎の姿は変わったが、同様の瓦屋根は現在も残っている。

現在

◀鏡作神社
「鏡作坐天照御魂神社」が正式な名称である、田原本町八尾に鎮座する鏡作神社。古くから、鏡鋳造の神様として信仰されてきた。

平成22年

◀田原本付近の特急列車
民営鉄道随一の有料特急ネットワークの近畿日本鉄道。現在、けいはんな、信貴、生駒、田原本、天理、道明寺、長野、御所、湯の山、鈴鹿の各線以外、特急列車が運行されている。

現在

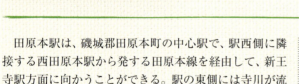

◀田原本駅
田原本線が近鉄になった頃には、田原本駅と西田原本駅を現在の北方向に移転し統合する構想もあったが、地元商店街などの反対で立ち消えになったといわれている。

現在

◀橿原・田原本連絡線
西田原本駅北側に橿原との連絡線が設けられている。田原本線は旅客上、他線と接続はしていないが、線路自体は橿原線とつながっており、車両の出入りも行われている。

　田原本駅は、磯城郡田原本町の中心駅で、駅西側に隣接する西田原本駅から発する田原本線を経由して、新王寺駅方面に向かうことができる。駅の東側には寺川が流れ、川沿いに田原本町役場が置かれている。

　田原本駅は大正12(1923)年3月、大阪電気軌道の駅として開業し、昭和3(1928)年8月に大軌田原本駅と改称した。その後、会社の合併で、緩急田原本駅、近畿日本田原本駅をへて、昭和39(1964)年10月に元の駅名（田原本）に戻った。駅の構造は相対式ホーム2面2線を有する地上駅である。当初、駅舎は東口だけだったが、西田原本駅と連絡する西口駅前が再開発され、駅前広場が整備されるともに西口駅舎が誕生した。この西口駅舎は平成21年12月から使用され、西田原町駅との連絡通路も利用可能となった。

　「田原本」の地名の由来には諸説があり、古くは「俵本」とも表記され、低地を表す「タワ」と場所を表す「モト」が合体してできたという説がある。また、多米連（ためのむらじ）がいたことで、「ためらもと」からきたという説も存在する。明治22年4月に田原本村が田原本町に変わり、昭和31年9月には多村、川東村などを合併している。現在の田原町は、約3万人の人口を有している。

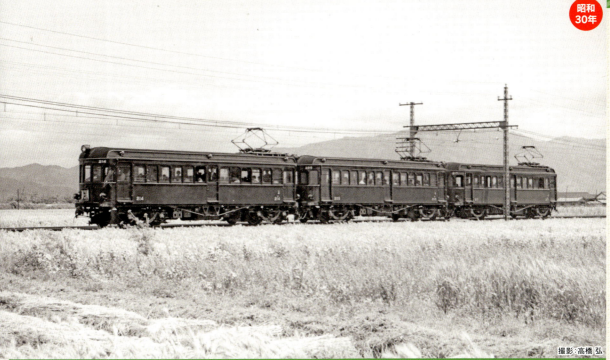

昭和30年

🔺田原本付近を走る200形3連
田原本駅は田原本線との乗り換え駅となっており、当時の橿原線は3連の電車、田原本線は単行の電車が活躍していた。

🚶 古地図探訪

田原本付近

　奈良県の田原本町、天理市、大和郡山市などはかつて、大和スイカの産地として知られていた。現在もスイカの種はほとんどが奈良県産で、地図外ではあるが、田原本駅北東の法貴寺地区には、大正5（1916）年創業のスイカ・メロンの専門種苗会社・萩原農場がある。
　この当時、田原本から北西に延びる路線は大和鉄道（現・近鉄田原本線）で、起点駅は同じ田原本（現・西田原本）駅を名乗っていた。この駅西側には現在、奈良県立磯城野高校が存在している。平成17（2005）年、北和女子高校と田原本農業高校が統合されて誕生した新しい職業高校である。駅の南東には、田原本町立田原本中学校がある。

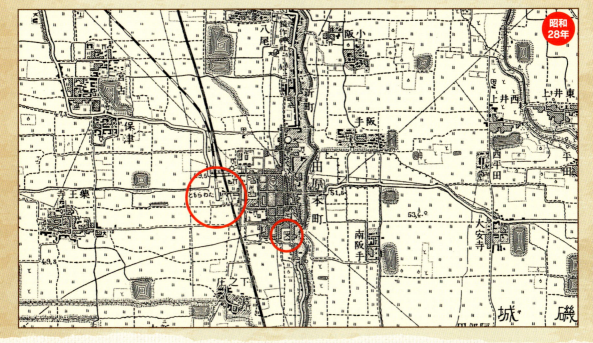

昭和28年

大和鉄道の歴史 (『河合町史』より抜粋)

　大和川舟運に致命的な衝撃を与えたのは、いまの国鉄関西線の開通であった。もちろん、明治25年（1892）から奈良・湊町間を営業したのは大阪鉄道のことである。（亀ノ瀬トンネルの工事が難行して予定より開通が遅れ、前々年には奈良－王寺間、その前年に湊町－柏原間という部分開通がはじまっていた。）すでに、奈良・王寺間に汽車が走った明治23年（1890）年には、王寺・高田間の開通もみられた。奈良・王寺間でも、実は法隆寺より竜田の方に線路敷が確保される予定が地主の反対で、うんと大和川よりになったことはよく知られている。王寺・高田間についても、はじめ法隆寺から分岐して馬見丘陵の東側沿いに南下する計画であったから、とうぜん、現河合域を通過し、停車場の一つも用意されていた。線路は箸尾町を通って下街道を高田にいたるプランであったが、ここでも地主の反対で、致し方なく、いまの路線（和歌山線）に決定したいきさつがある。

　さて、鉄道は高田から桜井を経て奈良へ（明治32年）、高田から五条（明治29年）さらに和歌山（明治33年）と延びていった。奈良盆地に汽車が走りはじめると、とうぜんながら、舟運・荷車による陸運はおとろえた。大阪鉄道などは明治41年（1908）に政府に買収されて、院線（鉄道院）、さらに省線（鉄道省）、いまは国鉄となっている。

　現河合町域を北から南へ縦断する鉄道は不首尾に終わったから、河合村の人びとは、御幸橋を渡って法隆寺駅から鉄道で大阪へ出かける人も、しだいにふえていった。大正から昭和になると、自転車で法隆寺駅まで、あとは汽車で通学あるいは通勤という人もみられるようになった。

　私鉄の買収と日露戦争の不況で、鉄道敷設熱は休止していたが、大正期になると、ふたたび活発となった。鉄道敷設の計画をもち申請して、不許可になった幻の鉄道が多いなかで、会社許可、創立までに15年間の努力をつづけて、なお苦難に耐えたのが、いまの近鉄田原本線である。

　明治29年（1896）、「中和鉄道」として、法隆寺－田原本－桜井にいたる路線を申請、1年後に不許可となった。その年、起点を王寺に変更して出願したが、再び不許可、明治43年（1910）、「軽便鉄道法」（これまでの法規制をゆるめ、鉄道の免許手続き、経営規定を簡素化した）が公布されたので、これに着目して、「田原本鉄道」（田原本－王寺間）をやっと、明治44年（1911）に創立することができたのである。

　会社は創立されたものの、箸尾方面の株主は天理軽便鉄道を連絡すること、奈良・京都への便利さから、終点を法隆寺に主張したから、路線変更の申請、再設計というあわただしいありさまであった。ところが、田原本の株主はあくまでも大阪への接近をのぞみ王寺を終点と主張することがあって、路線変更を取り下げ、はじめの方針どおり田原本－王寺間の建設がはじまった。路線についても、田原本－箸尾間は箸尾街道の南側を通る案が北側と決定され、箸尾－王寺間は丘陵地帯を通る案と、池部から北上して大和川左岸を西進する案とがあったが、結局、丘陵開鑿による土砂を平地の路盤の盛り上げに利用することで、山間線（いまの路線）がきまったという。

　路線の選定と用地買収の停滞などで、一時は解散の寸前までの危機にさらされながら、地元の熱意で、工事は丘陵地帯

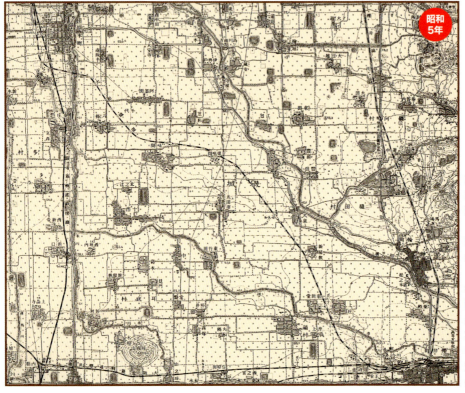

昭和5年

　現在の近鉄田原本線の前身である大和鉄道は、田原本（現・西田原本）駅の南東で大阪電気鉄道畝傍（現・近鉄橿原）線を越え、国鉄桜井線と連絡する桜井駅に至っていた。昭和19年1月に休止、昭和33年12月に廃止となるこの区間には、寺川、味間、大泉、東新堂駅が存在していた。この大和鉄道が走っていた路線跡は現在、奈良県道14号桜井田原本王寺線の一部になっている。

からはじめられた（大正4年7月10日）。工事請負の森本組（森本千吉社長）は、すでに鉄道省の工事指名加入者として活躍、山陰線や西日本の鉄道工事などで、その経験を生かしていたから、工事は順調にすすんだ。機関車2両、客車、貨物車それぞれ4両の発注もすませ、開通予定は大正6年（1917）ときまり、社名も大和鉄道と改めた。

大和鉄道はやがて大鉄と略してよばれた。ところが、昭和4年（1929）になって、大阪鉄道（古市〜久米寺＝橿原神宮）が開通すると、これを大鉄とよび、「大和鉄道」は「やまてつ」といわれるようになった。

ところが、第一次世界大戦で鉄材が不足して、レールが入手できない。奔走のすえ、鉄道院から払い下げを受けることにし、北海道でやっと手に入れた。しかし、レールはなかなか到着しなかった。ようやく到着したよろこびもつかのま、暴風雨と洪水で路線敷は大被害をうけ、資金調達も限度となって、会社は苦境におちいった。田原本町では町民大会を開き対策をたてるなど、株主総会では、機関車1両の売却（この1両が故障したら予備車がないので不通になる）、借入金の担保になっているレール4.3キロ分（会社線10.1キロであるから、42.5パーセントにあたる。箸尾の東西どちらかのレールがなくなる）の処分を決議するまでになった。こんななかで、中村準策さん（郡山の出身、神戸で海運業を営む、のち寧楽美術館創設）から高額の借入れに成功した。すでに売却した機関車の代がえは越後鉄道から購入し、レールの件も落着したから危機を脱し、大正7年（1918）4月25日、開業式をすませ、翌26日から営業をはじめた。

それにしても、いくたびかの暗礁を克服して、開業した大和鉄道であった。開通式の臨時列車が、王寺駅からの帰途、黒田駅で機関車の故障から立往生することなどのこともあったが、沿線各町村は各戸に国旗をかかげ、田原本町では終日、花火をうちあげ、津島神社の祭礼よりもにぎわいをみせたという。

大和鉄道は新王寺・田原本間（運賃17銭）を43分間で、1日2回（6往復、平均速度20.6キロ）の運転をはじめた。現河合町域内の区間は約3キロで、池部駅と大輪田駅が開設された。

大和鉄道は、その後の大正12年（1923）、桜井まで延長開業、さらに名張まで延長する計画をもっていた。

いっぽう、大阪電気軌道（「大軌」と略称。いまの近鉄）は、大正3年（1914）以来、大阪上本町（上六）から奈良へ電車を走らせていた。この大軌が西大寺から南下、郡山・田原本を通り、橿原神宮にいたる畝傍支線（いまの橿原線）を計画したから、大和鉄道側は大軌の進出に反対をかさねた。しかし、結局は大軌の橿原までの全通（大正12年）となった。大軌の開通は中和地方に大きなよろこびをもたらした。大和鉄道よりも運行回数は多いし、スピードもあり、乗心地もよかった。大和鉄道は大軌にくらべて、いろいろな点で条件が悪かった。田原本駅・新王寺駅・桜井町駅、いずれものりかえ駅としての立地条件はよいものではない。したがって、旅客は激減、大和鉄道の業績は低下するばかりとなった。大正13年（1924）、大和鉄道は大軌へ買収されることを申請、大軌との連帯運輸をはじめた。翌14年（1925）には大和鉄道へ大軌の役員が入り、事実上の大軌の傍系会社をなった。

ところで、大和鉄道は昭和2年（1927）、国鉄の大型貨車を王寺駅から全線に入れた。大和の平野部の町村でさかんな西瓜を、京阪神の都会へ直接、運びこむためであった。翌3年（1928）には、気動車を入れ、運転回数もふやした。昭和7年（1932）5月5日に三宅村内に「但馬駅」を開業した。このときから1日21往復（不定期1回を含む）、新王寺・田原本間を25分で運転するようになった。

その後の大和鉄道は太平洋戦争の激化にともなって、昭和19年（1944）、田原本・桜井間は廃線に決定した。レールは東南アジアのセレベス開発鉄道の資材として、神戸港におくられた。路線の東半分をもぎとられたまま、戦後の昭和23年（1948）、軌道を拡幅し、電車を運転するようになったが、昭和36年（1961）には信貴電に合併となり、さらに39年（1964）になると、近鉄に完全合併されて、今日にいたっている。

西田原本駅　昭和44年　撮影：今井啓輔

Nishi-Tawaramoto St. / Kuroda St. / Tajima St.
西田原本、黒田、但馬

西田原本駅から、田原本線が新王寺駅へ
黒田駅、但馬駅は、単式ホームの無人駅

撮影：荻原三郎

【西田原本駅】

開業年	大正7（1918）年4月26日
所在地	奈良県磯城郡田原本町殿町202-2
キロ程	0.0km（西田原本起点）
駅構造	地上駅
ホーム	1面2線
乗降人数	4,387人

【黒田駅】

開業年	大正7（1918）年4月26日
所在地	奈良県磯城郡田原本町大字黒田277-2345
キロ程	2.0km（西田原本起点）
駅構造	地上駅
ホーム	1面1線
乗降人数	600人

【但馬駅】

開業年	昭和7（1932）年5月5日
所在地	奈良県磯城郡三宅町大字但馬263
キロ程	3.0km（西田原本起点）
駅構造	地上駅
ホーム	1面1線
乗降人数	875人

◯西田原本駅
平成4年に改築されるまで存在していた西田原本駅の木造駅舎。赤い郵便ポストがある、レトロな雰囲気を残していた。

▶但馬駅
新しくなった但馬駅の駅舎とホーム。以前は駅員が配置されていたが、平成23年から終日無人駅となった。

◀黒田駅
単式1面1線のホームを有している黒田駅。現在の駅舎となる前の姿である。

提供：近畿日本鉄道

提供：近畿日本鉄道

　西田原本駅は現在の田原本駅より早い大正7（1918）年4月、大和鉄道の新王寺・田原本間の開通時に、田原本駅として開業した。大正11年8月には、味間駅まで延伸（後にこの区間は廃止、）、一時は途中駅となっていた。大和鉄道は信貴生駒電鉄に合併された後、昭和39（1964）年10月に近鉄に合併され、現在の西田原本駅に駅名を改称している。

　駅の構造は、頭端式ホーム1面2線をもつ地上駅で、橿原線との間に連絡線（田原本信号場）が設けられている。

　次の黒田駅は、単式ホーム1面1線をもつ地上駅で、西田原本・新王寺方面の列車が同じホームに発着する。駅の開業は大和鉄道時代の大正7年4月。現在は無人駅となっている。

　但馬駅は、橿原線の石見駅と同じ磯城郡三宅町に置かれている。この三宅町は、奈良県内で最も面積の狭い市町村で、人口は約7000人。現在の三宅町の前身である三宅村が明治22（1889）年に成立する前には、但馬村、石見村、三河村などが存在していた。この地域には、但馬、石見、三河など旧国名地名が多いことでも知られる。

　但馬駅の開業は、昭和7（1932）年5月で、大和鉄道の黒田～箸尾間に新設された。黒田駅と同じく、単式ホーム1面1線の地上駅で、無人駅である。

黒田付近を走る単行運転 〔昭和41年〕
まだ宅地開発されず、農地が広がっていた頃の光景。その後、生駒線とともに沿線開発が進み、その変貌ぶりはすさまじい。
撮影：J.WALLY HIGGINS

西田原本駅の夕景 〔現在〕
昭和39年から2年間当駅から橿原線の大和西大寺発着の普通列車が2往復設定されていた記録がある。

西田原本駅ホーム 〔昭和41年〕
かつての駅名が田原本であった西田原本駅に停車しているモ600形。大和鉄道→信貴生駒電鉄→近畿日本鉄道と田原本線は数奇な運命をたどってきた。
撮影：J.WALLY HIGGINS

黒田駅のホーム風景 〔昭和41年〕
簡素な造りの黒田駅に到着。大和鉄道時代は大和西瓜が当駅から積み込まれ新王寺経由で大阪・神戸方面へ出荷されていた。
撮影：J.WALLY HIGGINS

古地図探訪　西田原本、黒田、但馬付近

田原本（現・西田原本）駅から延びる大和鉄道（現・近鉄田原本線）には、開通当時から黒田駅が置かれていた。一方、隣りの但馬駅は昭和7（1932）年の新設駅のためか、地図上には記載されていない。黒田駅の北西には、三宅村（現・三宅町）の役場があり、現在は東側に京奈和自動車道が通っている。

駅の南西、富本の集落には、富都神社が鎮座しており、以前は牛頭天王社とも呼ばれていた。一方、但馬駅は、東側の飛鳥川と西側の曽我川に挟まれる形で存在しており、付近に西但馬、東但馬などの集落がある。

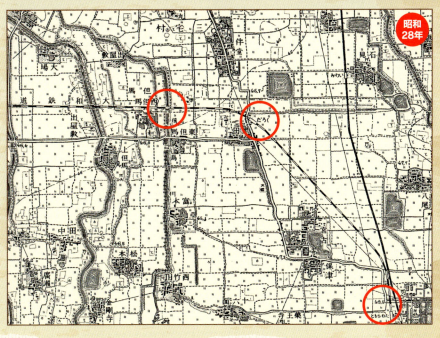
〔昭和28年〕

Hashio St. / Ikebe St. / Samitagawa St.
箸尾、池部、佐味田川

箸尾駅は、広陵町ただひとつの鉄道駅
河合町には池部、佐味田川の新旧2駅

【箸尾駅】

開業年	大正7(1918)年4月26日
所在地	奈良県北葛城郡広陵町大字萱野312-2
キロ程	4.5km(西田原本起点)
駅構造	地上駅
ホーム	2面2線
乗降人数	1,753人

【池部駅】

開業年	大正7(1918)年4月26日
所在地	奈良県北葛城郡河合町池部1-1-3
キロ程	6.1km(西田原本起点)
駅構造	地上駅
ホーム	1面1線
乗降人数	1,263人

【佐味田川駅】

開業年	昭和58(1983)年11月30日
所在地	奈良県北葛城郡河合町大字城内128-1
キロ程	7.1km(西田原本起点)
駅構造	地上駅
ホーム	1面1線
乗降人数	1,705人

▲箸尾駅 現在
直線的で段違いの屋根が印象的な箸尾駅。この駅舎は、1番線(新王寺方面)側にあり、構内踏切で2番線と結ばれている。

◀箸尾駅ホーム 現在
日中は静寂漂う箸尾駅。主として通勤・通学に利用される。

▶池部駅
河合町の役場に隣接して設置されている池部駅。改築される前の木造駅舎で、看板の文字が昭和の時代を感じさせる。

昭和48年
提供:近畿日本鉄道

　田原本線の箸尾駅は、北葛城郡広陵町に存在するただ1つの鉄道駅である。箸尾駅は大正7(1918)年4月、大和鉄道の新王寺〜田原本(現・西田原本)間の開通時に開業した。当時は箸尾村が存在し、昭和2(1927)年4月に箸尾町となった。古くはこの地に箸尾城に寄る箸尾氏があり、筒井氏らとともに大和四家といわれる有力豪族だった。現在の駅構造は、相対式ホーム2面2線を有する地上駅である。

　広陵町は、奈良県の町の中では最も人口が多く、約3万3000人を数える。明治13(1880)年、このあたりは広瀬郡と定まり、明治22年4月、箸尾村、百済村、馬見村、瀬南村、河合村で構成されることになる。昭和30(1955)年4月、百済村、馬見村、瀬南村が合併して広陵町が誕生。昭和31年9月、箸尾町が編入され、現在の町域となった。町名の由来は、広瀬郡の「広」と丘陵の「陵」を組み合わせたものである。

　次の池部駅は、北葛城郡河合町に置かれている。開業は箸尾駅と同じ大正7年4月の開業である。駅の構造は、単式ホーム1面1線の地上駅である。

　佐味田川駅も、同じく河合町に存在するが、こちらは昭和58(1983)年11月に誕生した新しい駅で、駅名は付近を流れる大和川の支流、佐味田川から付けられた。駅の構造は単式ホーム1面1線の地上駅で、現在は無人駅となっている。

▲箸尾駅のホーム

2番線に西田原本行きの普通が停車している箸尾駅のホーム。田原本線の列車は、朝夕は4両、昼間は3両編成となっている。

▲佐味田川駅のホーム

現在は無人駅となっている、単式1面1線の佐味田川駅のホーム。対面には、相対式ホーム用の用地が確保されている。

昭和58年

▲佐味田川駅

この沿線の各駅の特徴と同様に通勤・通学者が圧倒的に多く、当駅から新王寺(王寺)駅経由でJR大和路線→おおさか東線・大阪環状線が利用できる。

提供：近畿日本鉄道

▶佐味川田駅

三角屋根をもつ橋上駅舎に変わった佐味田川駅だが、平成23年10月からは無人駅となっている。駅前には、通勤・通学客が止めた自転車が多数見える。

古地図探訪

箸尾、池部付近

地図上を北西に進んでゆく大和鉄道(現・田原本線)にはこの当時、箸尾、池部の2駅があった。新王寺側の佐味田川駅は存在せず、昭和58年11月の新設駅である。箸尾駅の南西には佐味田の集落が見えるが、この南側には現在、馬見丘陵広域公園・馬見丘陵公園が誕生しており、乙女山古墳と巣山古墳が存在する。

一方、池部駅の南側には河合町総合スポーツ公園が誕生している。この駅周辺は当時、河合村だったが、昭和46年12月に河合町となり、役場の位置も駅の北側から南側の現在地に移転している。

昭和28年

Owada St. / Shin-Oji St.
大輪田、新王寺

大輪田駅は河合町、新王寺駅は王寺町に
新王寺駅はJR関西線、近鉄生駒線に接続

【大輪田駅】

開業年	大正7(1918)年4月26日
所在地	奈良県北葛城郡河合町大字大輪田1809－2
キロ程	8.2km（西田原本起点）
駅構造	高架駅
ホーム	1面2線
乗降人数	2,428人

【新王寺駅】

開業年	大正7(1918)年4月26日
所在地	奈良県北葛城郡王寺町久度2－1－1
キロ程	10.1km（西田原本起点）
駅構造	地上駅
ホーム	2面1線
乗降人数	7,183人

昭和42年
撮影：今井啓輔

◁**大輪田駅ホーム**
架線柱は木製と思われる、いかにも昭和の鉄道風景の雰囲気が感じられる。写真の少年らも、今では50歳を超えた頃であろう。

昭和42年
撮影：今井啓輔

▷**大輪田駅周辺**
ローカル駅の雰囲気を漂わせている大輪田駅のホーム周辺。その後、西大和ニュータウンなどが誕生し、駅周辺の風景も変化している。

◁**大輪田駅のホーム**
懐かしい時代の大輪田駅のホーム。木製の柵の後方には、白い洗濯物が風にゆらいでいる。

昭和42年
撮影：今井啓輔

　河合町における田原本線で3番目の駅が大輪田駅である。大正7(1918)年4月、大和鉄道の駅として開業、信貴生駒電鉄をへて、現在は近鉄の駅となっている。駅の構造は、島式ホーム1面2線をもつ盛土高架駅である。

　田原本線の起終点である新王寺駅は北葛城郡王寺町に置かれ、生駒線の王寺駅との連絡駅であり、JR関西（大和路）線の王寺駅とも連絡している。

　最も歴史の古いJR王寺駅は、明治23(1890)年12月、大阪鉄道（初代）の奈良・王寺間の開通時に終着駅として開業した。その後、大阪鉄道（初代）は大阪・湊町（現・JR難波）方面に延伸し、関西鉄道をへて、国鉄関西線の駅となった。

　一方、近鉄の新王寺駅は大正7年4月、大和鉄道（現・田原本線）の新王寺・田原本間の開通時に開業している。その後、大正11年5月、信貴生駒電気鉄道（現・生駒線）の王寺～山下（現・信貴山下）間が開業。両者は信貴生駒電鉄の路線となった後、近鉄と合併して、新王寺駅、王寺駅となった。

　近鉄の2つの駅は、JR駅の北側の東西に分かれて存在する形となっている。田原本線の新王寺駅は頭端式ホーム2面1線をもつ地上駅、生駒線の王寺駅は頭端式ホーム1面2線をもつ地上駅である。

新王寺駅
当駅向かい側には近鉄生駒線の王寺駅があり乗り換えは容易である。新王寺駅は王寺駅より4年前に開業したのに「新」が付く。

撮影：荻原三郎

新王寺駅
左画像の昭和42年当時と構造的に変化がない。大きく変貌したのは至近距離にある国鉄（現・JR）王寺駅である。

新王寺駅
北口ロータリーの東側に位置する新王寺駅の駅前。現在とほとんど変わらない構造である。北側には平成16年、ショッピングセンターのリーベル王寺が全面オープンしている。

撮影：荻原三郎

古地図探訪　　佐味田川、大輪田、新王寺付近

地図上には、大和鉄道（現・近鉄田原本線）の路線とともに、国鉄の関西本線、和歌山線、信貴生駒電鉄（現・近鉄生駒線）の路線が通っている。地図の北西側には、大和川が大きく蛇行して王寺の市街があり、市街地の南側に新王寺駅と王寺駅がある。さらに北西には、信貴生駒電鉄の信貴山口駅が見える。地図上では、信貴山口駅だが、大正11年5月の開業当時は山下駅で、昭和31年9月に現在の名称である信貴山下駅に改称している。この駅の南側には現在、三郷町役場が移転しているが、関西本線の三郷駅は地図外（南西）に昭和55年3月に開業している。

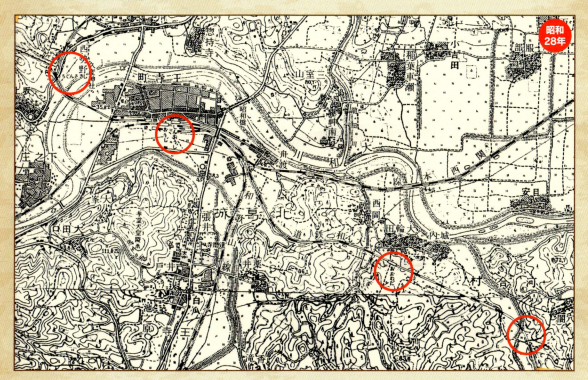

奈良市 / 大和郡山市 / 天理市 / 川西町 / 三宅町 / 田原本町 / 広陵町 / 河合町 / 王寺町 / 橿原市

Kasanui St. / Ninokuchi St.
笠縫、新ノ口
田原本町・橿原市の境界線付近に笠縫駅
新ノ口駅から、大阪線ホームへの連絡線

【笠縫駅】

開業年	大正12(1923)年3月21日
所在地	奈良県磯城郡田原本町秦ノ庄330
キロ程	17.3km（大和西大寺起点）
駅構造	地上駅
ホーム	2面2線
乗降人数	2,575人

【新ノ口駅】

開業年	大正12(1923)年3月21日
所在地	奈良県橿原市新口町127
キロ程	19.1km（大和西大寺起点）
駅構造	地上駅(地下駅舎)
ホーム	2面2線
乗降人数	3,727人

昭和48年

撮影：今井啓輔

🔼 笠縫駅

地下通路が設置される前、1番線ホーム側に設けられていた笠縫駅の駅舎。構内踏切で、2番線ホームと連絡していた。

現在

◀ 笠縫駅

当駅の1番のりばの案内では橿原神宮前方面などとともに、大阪上本町、大阪難波、尼崎、神戸三宮と記されている。これは大和西大寺経由奈良線ではなく、大和八木から大阪線、鶴橋等での乗り換えを勧めていることになる。

現在

🔽 新ノ口駅

周囲には住宅が立ち並んでいる新ノ口駅。当駅から南西へ飛鳥川に沿って単線のバイパス線が敷かれており、大阪線の高架の大和八木駅に接続している。最新特急50000系「しまかぜ」もこの路線を使用する。

昭和48年

撮影：今井啓輔

🔽 笠縫付近

田園の景観漂う笠縫付近。笠縫駅から上本町、日本橋、難波へ行くには大和八木経由大阪線か大和西大寺経由奈良線の二つのルートがある。

　田原本駅に続く橿原線の笠縫駅は、同じ田原本町内に置かれている。このあたりは南側の橿原市との境目に近く、次の新ノ口駅は橿原市内となる。

　笠縫駅は大正12(1923)年3月、大阪電気軌道畝傍（現・橿原）線の平端～橿原神宮前（初代）間の開通時に開業した。駅の構造は、相対式ホーム2面2線を有する地上駅で、現在の駅舎は上り（2番）線ホーム側にある。以前は下り（1番）線ホーム側に駅舎が存在し、現在はラッシュ時限定の臨時改札口が設けられている。

　新ノ口駅は同じ大正12年3月の開業で、橿原市新口町にある。この新ノ口（新口）は、近松門左衛門の浄瑠璃代表作のひとつ「冥途の飛脚」の主人公、忠兵衛の故郷とされ、駅に近い善福寺には「梅川忠兵衛供養碑」が残されている。この作品は、歌舞伎「恋飛脚大和往来」としても上演され、忠兵衛・梅川が大阪から逃れてくる「新口村の段（場）」が上演される。

　新ノ口駅の構造は、相対式ホーム2面2線の地上駅で、改札口、コンコースは地下に設けられている。駅の南側には、大和八木駅大阪線ホームに向かう新ノ口連絡線が存在し、主に京伊特急が利用している。

近鉄京都線のあの日、あの時

所蔵：生田 誠（左右とも）

寺田球場・グラウンド
寺田には奈良電気鉄道が運営していた野球場、ラグビー場があり、阪神タイガースも練習を行っていたという。跡地は京都府立城陽高校に変わっている。

木津川水泳場
多くの人が夏のひとときを楽しんでいた、木津川の水泳場。ゆるやかな流れの浅瀬で、子どもにも安全な場所だった。

古地図探訪

笠縫、新ノ口付近

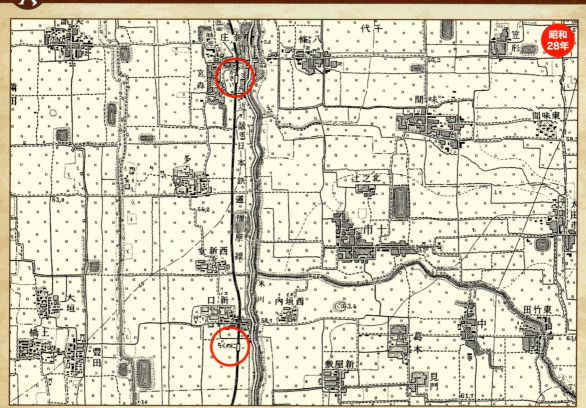

地図上では、橿原線の東側に寺川の流れがあるが、その東側の国道24号はまだ開通していない。新ノ口駅の南西には現在、大和八木駅の大阪線ホームに至る新ノ口連絡線が誕生している。この駅の西側、新ノ口（新口）の集落に見える「鳥居」の地図記号は須賀神社で、その北側の西新堂の集落には普賢寺、新堂神社がある。

笠縫駅の南西には現在、奈良県立教育研究所、奈良県総合リハビリテーションセンターが誕生している。県立教育研究所は平成5（1993）年、奈良教育センター、県立情報処理教育センターなどが改組されて誕生した。

Yamato-Yagi St. / Yagi-nishiguchi St.
大和八木、八木西口

橿原線と大阪線が交差、特急の乗換駅に
開業時は八木駅、昭和4年に八木西口駅

【大和八木駅】

開 業 年	大正12(1923)年3月21日
所 在 地	奈良県橿原市内膳町5丁目1-2
キ ロ 程	20.5km（大和西大寺起点）
駅 構 造	地上駅・高架駅（2層構造）
ホ ー ム	4面6線
乗降人数	34,537人

【八木西口駅】

開 業 年	大正12(1923)年3月21日
所 在 地	奈良県橿原市八木町1丁目8-32
キ ロ 程	20.9km（大和西大寺起点）
駅 構 造	地上駅（地下駅舎）
ホ ー ム	2面2線
乗降人数	公式公表なし

約半世紀前の大和八木駅 昭和42年
大阪線と直角で交わる接続駅。現在は改札内外に書店、柿の葉すし店、ベーカリーなど「駅ナカ」施設が充実している。
提供：橿原市

橿原線ホーム 昭和31年
「八木」「大軌八木」を経て昭和16年に現駅名の大和八木となる。大阪線と橿原線が構内で立体交差し、大阪線が高架ホームを橿原線が地平ホームを使用する。
撮影：荻原二郎

大和八木付近 昭和30年
八木付近の奈良盆地を走る京都行急行。グリーンとクリームの奈良電鉄カラーが古代条里制の面影を残す田畑に映える。
撮影：荻原二郎

　大和八木駅は大正12(1923)年3月、大阪電気軌道畝傍線（現・橿原線）の平端・橿原神宮前間の開通時に、「八木」駅として開業した。その後、八木線（現・大阪線）の高田・八木間の延伸で接続駅となり、昭和3(1928)年3月に「大軌八木」駅と改称している。

　翌年の昭和4年1月、桜井線（現・大阪線）が桜井駅まで開業し、「大軌八木」駅は新駅に移転。旧駅は「八木西口」駅として、畝傍線単独の駅となった。昭和16年には、駅名を現在の「大和八木」に改称した。また、昭和42年には大阪線大和八木・橿原線新ノ口間に連絡線が設けられている。

　駅構造は、橿原線を大阪線が跨ぐ形で、大阪線は島式ホーム2面4線、橿原線は相対式ホーム2面2線である。なお、旧駅だった歴史をもつ「八木西口」駅は、「大和八木」駅構内の別ホーム、別出口の扱いとなっている。

　「八木」の駅名は、この地に存在した八木村の地名を受け継いでいる。明治22(1889)年4月、八木村、小房村などが合併して、新しい八木村が誕生。昭和31年2月、今井町、畝傍町などと合併して、現在の橿原市が誕生するまで存在した。

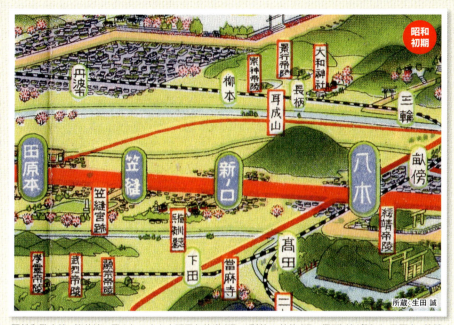

大和八木駅

橿原市の玄関口でもある大和八木駅。北側には近鉄百貨店橿原店もある、また大型商業施設のイオンモール橿原へは路線バスが頻繁に発着している。

八木西口駅

正式には大和八木駅構内の一部である。しかし、歴史的に見ると、最初に開業した大軌八木は現在の当駅であり、開業当時の桜井線（のちの大阪線）はここから分岐していた。

国鉄和歌山線、桜井線に囲まれる中を大阪電気軌道（現・近鉄）の畝傍（現・橿原）線が延び、田原本、笠縫、新ノ口、八木（現・大和八木）駅が置かれている。和歌山線の下田駅は現在、香芝駅に変わり、高田駅との間にJRの五位堂駅が誕生している。

古地図探訪

大和八木、八木西口付近

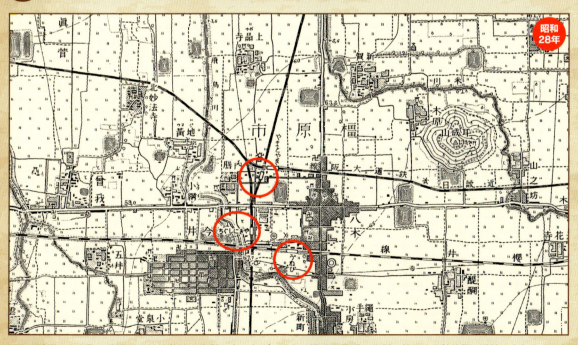

この時期、八木町の役場は国鉄桜井線の南側にあったが、現在の橿原市役所は北側に移り、JR畝傍駅、近鉄の大和八木駅と八木西口駅に囲まれる形なっている。役場の南側に見える「文」の地図記号は、現在の橿原市立晩成小学校である。

一方、橿原線の西側は、八木町と同じく昭和31（1956）年に橿原市となる前まで存在した、今井町の集落である。戦国時代の寺内町から発展した町には、富豪たちが多く住み、その後も近世以前の街並みが保存されてきた。現在は国の重要伝統的建造物群保存地区に選定され、観光客も多く訪れている。

Unebigoryomae St.
畝傍御陵前

大正12年、大阪電気軌道畝傍山駅誕生
西に大和三山の畝傍山、神武天皇陵存在

【畝傍御陵前駅】

開業年	大正12(1923)年3月21日
所在地	奈良県橿原市大久保町455
キロ程	22.8km（大和西大寺起点）
駅構造	地上駅(地下駅舎)
ホーム	2面2線
乗降人数	3,686人

昭和60年

提供：近畿日本鉄道

現在

△畝傍御陵前駅
かつては当駅付近から畝傍山とともに香久山も見えていた。しかし今では建物などに遮られその美しい姿は視界から遠ざけられた。

△神武天皇陵
畝傍山の麓に設けられている神武天皇陵。豊かな緑の木々に囲まれ、神聖な雰囲気、空気を醸し出している。

△畝傍御陵前駅
三段構えの大屋根を備えた畝傍御陵前駅。駅前も広々としており、全国からやってくる観光客を迎える造りになっている。

◁畝傍山付近
奈良盆地(大和平野)にそびえる大和三山のひとつ、畝傍山。近年、周辺でも開発が進み、マンションなども増えている。

　この畝傍御陵前駅は、3度の駅名改称を繰り返している。大正12(1923)年3月、大阪電気軌道畝傍(現・橿原)線の平端・橿原神宮前(初代)間の開通時に開業した際は、畝火山駅だった。最初の改称は大正13年11月、畝傍山駅に。昭和12(1937)年3月、2回目の改称で、神武御陵前駅となっている。昭和14年7月、現在地に移転し、現駅名の畝傍御陵前駅となった。

　駅名の由来となったのは、大和三山のひとつ、畝傍山である。この山は「火がうねる」という意味で「畝火山」とも呼ばれ、万葉集では「瑞山」とも詠まれている。畝傍山は、駅の西側にあり、反対の東側には天香久山が存在する。また、この東側は、藤原京が置かれていた場所で、藤原宮跡や藤原京朱雀大路跡などが残されている。一方、駅の西側には神武天皇陵(畝傍山東北陵)、橿原神宮が存在する。

　現在の駅構造は、相対式ホーム2面2線の地上駅。大きな屋根をもつ駅舎が西側にあるが、改札口は地下に設けられている。昭和14年から昭和27年までは、吉野鉄道に起源をもつ小房線が畝傍御陵前・橿原神宮前(当時は橿原神宮駅)間に並走していた。

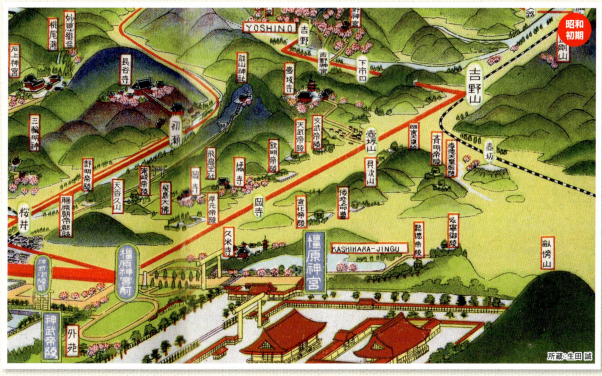

畝傍（現・橿原）線の神武御陵前、橿原神宮駅とともに、吉野鉄道から大阪電気軌道（大軌）所属となった吉野線に岡寺、壺阪（坂）山、吉野山、下市口、吉野神宮、吉野駅が見える。下側には、橿原神宮が大きく描かれている。また、桜井から初瀬まで延びているのは、参宮急行（現・近鉄大阪）線とともに存在した初瀬鉄道に起源をもつ大軌長谷線である。

神武天皇陵に向かう車列

皇室では、慶事の折などに神武天皇陵に参拝するのが恒例となっている。現・天皇も皇太子時代の昭和34年、結婚の報告のために参拝した。これは畝傍方面に向かうための車列が奈良市内を通過する様子で、右手に興福寺五重塔、東金堂などが見える。

Kashiharajingu-mae St.
橿原神宮前
橿原線の終点、南大阪線、吉野線と接続
中央口駅舎は、建築家・村野藤吾の設計

【橿原神宮前駅】

開 業 年	大正12(1923)年3月21日
所 在 地	奈良県橿原市久米町618
キ ロ 程	23.8km（大和西大寺起点）
駅 構 造	地上駅
ホ ー ム	4面8線
乗降人数	18,551人

現在

◆橿原神宮前駅
当駅は改札口が3ケ所あり、南大阪線・吉野線側の西改札の他に中央改札と橿原線ホームの先に駅舎が社寺風の東改札がある。

昭和戦前期

所蔵：生田誠

◁橿原神宮前駅
橿原神宮の玄関口として、紀元2600年（昭和15年）を前に改築された橿原神宮前駅の中央口駅舎。建築家、村野藤吾の設計である。

昭和54年

撮影：高橋弘

▷橿原線のホーム南端
橿原線は駅自体は終点であるが、南側に引き上げ線があるために、構内踏切が現在も存在している。

◁橿原神宮前駅を発車する800系
橿原神宮前駅は橿原線の南側の終点として、また、南大阪線・吉野線の接続駅としてターミナル駅として多くの電車が発着している。

昭和54年

撮影：高橋弘

　橿原神宮前駅は、明治23（1890）年に初代天皇とされる神武天皇を祀るために創建された橿原神宮の最寄り駅である。この駅の中央口駅舎は、志摩観光ホテル、あやめ池温泉場を設計した建築家、村野藤吾の代表作のひとつとして知られている。また西口、東口も存在する。
　現在の橿原神宮前駅は、南大阪線、吉野線、橿原線の接続駅であるが、その成立の歴史は複雑である。まず、大正12（1923）年3月、大阪電気軌道（大軌）に属する畝傍線（現・橿原線）の終着駅として、旧「橿原神宮前」駅が開業。この駅には同年12月、吉野鉄道（現・吉野線）が乗り入れた。この旧「橿原神宮前」駅は昭和14（1939）年7月まで存在した。

　一方、昭和4年3月、大坂鉄道（現・南大阪線）が延伸し、「橿原神宮」駅と「久米寺」駅が開業した。このとき、吉野鉄道も接続駅として、「久米寺」駅を開設し、これが現在の「橿原神宮前」駅の前身である。このうちの「橿原神宮」駅は昭和14年8月、わずか10年間の歴史に終止符を打っている。
　こうした路線と駅が昭和14年7月に整理される。畝傍線と吉野線が整備されて橿原線となり、八木西口〜久米寺間の新線が誕生して「橿原神宮前」駅が廃止。大軌の「久米寺」駅が、「橿原神宮前駅」駅となって発展した。昭和45年には、現在の「橿原神宮前」駅に駅名が改称されている。

▶ 橿原神宮前駅

大阪電気軌道（大軌）時代の橿原神宮前駅。現在とは異なるルートである畝傍（現・橿原）線上にあり、昭和14年の新線切り替えで廃止された。

所蔵：生田誠
昭和初期

現在

▲ 橿原神宮前駅 橿原線ホーム

右側に設置されている建物は狭軌（1067mm）と標準軌（1435mm）の台車交換設備。かつては吉野線がこの付近から発着していた。狭軌路線は南大阪線、長野線、御所線などであり、大阪線、奈良線、けいはんな線、名古屋線などは標準軌である。

撮影：荻原二郎
昭和39年

▲ 橿原神宮駅駅

この当時「橿原神宮駅駅」という駅名のなかに駅が含まれる珍しいものであった。昭和45年に現在の「橿原神宮前駅」に改称した。

撮影：今井啓輔
昭和49年

◀ 橿原神宮前駅

飛鳥地方の玄関口でもある橿原神宮前駅。駅全体が壮麗な建築となっており、参詣客を迎える玄関口となっている。

古地図探訪

畝傍御陵前、橿原神宮前付近

　地図上には、橿原線に橿原御陵前（現・畝傍御陵前）、橿原神宮前の2駅が置かれている。

　橿原神宮前駅で接続する南大阪線には、久米寺（後に橿原神宮前駅と統合）、大和池尻（現・橿原神宮西口）駅がある。橿原線の西側には、大和三山のひとつ、畝傍山があり、その南北に橿原神宮、神武天皇陵がある。一方、少し離れた東側には、天香久山が見える。当時の久米寺駅の駅名の由来となった久米寺は、来目皇子、久米仙人の創建といわれる真言宗御室派の寺院で、南大阪線の線路の南側に伽藍がある。現在、その西側には、奈良芸術短期大学が誕生している。

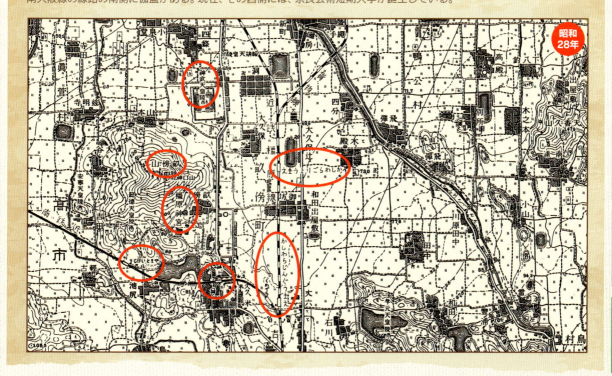
昭和28年

生田 誠（いくた まこと）

昭和32年、京都市東山区生まれ。東京大学文学部美術史学専修課程修了。産経新聞東京本社文化部記者などを経て、現在は地域史・絵葉書研究家。絵葉書を中心とした収集・研究を行い、集英社、学研パブリッシング、河出書房新社、彩流社、アルファベータブックス等から著書多数。

【写真提供】

近畿日本鉄道株式会社、朝日新聞社、J.WALLY HIGGINS、今井啓輔、岩堀春夫、荻原二郎、高田隆雄、高橋 修、高橋 弘、中西進一郎、野口昭雄、藤山侃司、天理市、橿原市

【現在の駅舎撮影】

古林茂春

近鉄京都線・橿原線　街と駅の1世紀
（きんてつきょうとせん・かしはらせん　まちとえきの1せいき）

発行日	2016年6月5日　第1刷　※定価はカバーに表示してあります。
著者	生田 誠
発行者	茂山和也
発行所	株式会社アルファベータブックス
	〒102-0072　東京都千代田区飯田橋 2-14-5　定谷ビル
	TEL. 03-3239-1850　FAX.03-3239-1851
	http://ab-books.hondana.jp/
編集協力	株式会社フォト・パブリッシング
デザイン・DTP	柏倉栄治
印刷	モリモト印刷株式会社

ISBN 978-4-86598-813-0 C0026
本書は日本出版著作権協会（JPCA）が委託管理する著作物です。
複写（コピー）・複製、その他著作物の利用については、事前に JPCA（電話 03-3812-9424、e-mail:info@jpca.jp.net）の許諾を得てください。なお、無断でのコピー・スキャン・デジタル化等の複製は著作権法上での例外を除き、著作権法違反となります。